키워 주셔서 감사합니다
사랑해요 ♥

INHEAVEN

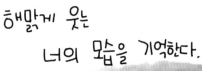

해맑게 웃는
너의 모습을 기억한다.

<인스타그램 지유이야기>

차례

프롤로그 – 삶과 죽음 사이에 계절이 있다면

3부
너는
찬란한 봄이었다.

희망고문은 하지 않기로 했다.
흔들리는 믿음
선택 맡기기
보통의 아이
반갑지 않은 손님
아홉 살 꼬마 신부
비빌 언덕
사랑스런 욕망
믿음이 없이는
누구의 잘못도 아니야
꿈쟁이 요셉처럼
사후에 일어날 일
아직은
위대한 약속
은혜는 당연하지 않아
결국, 콧줄
어쩌면 해피엔딩?
맘대로 되는 게 없다.
지독한 종양
고마운 고갯짓
확실한 증거

진짜 믿음은 지금부터
기쁜 이별
응급상황을 만나면
폭풍전야
초청 승낙하기
작고 빛나는 존재
축제처럼
깔깔깔
고통이 주는 평안
이제 그만 데려가 주세요.
그래도 기대

4부
우리에게
여름은 오지 않았다.

사랑이 여기 있으니
안부 인사
에필로그- 영원한 계절, 사랑
소망의 글

삶과 죽음 사이에 계절이 있다면   송지민

지유는 예수님 믿어?
당연히 믿~쥐~
우리 천국에서 만나자!

'죽음'이라는 이 무서운 단어 앞에 어떻게 반응해야 할까?
더군다나 사랑하는 자녀가 먼저 그 길을 가야 한다면?

이 책에는 여덟 살 딸의 시한부 판정과 함께 이 두 가지 질
문에 대한 답을 찾아가는 여정을 담았습니다. 희미하기만
했던 빛이 고난 앞에 선명하게 빛나는, 가슴 저리게 아프지
만 찬란하게 아름다운, 천국을 향한 260일간의 투병 기록을
나눕니다. 누군가 쏘아 올린 절망의 활을 가슴으로 받아낸
아픔을 견딜 수 있었던 건 오직 천국 소망뿐이었습니다.

아이를 급히 찾아온 죽음이기에 아이에게 서둘러 천국을

소개했습니다. 천국은 아이가 죽음의 두려움을 이기는 유일한 무기가 되었습니다. 덕분에 지독한 고통 속에서도 우리는 평안과 자유를 누리며 이 땅에서의 삶을 이어갈 수 있었습니다.

우리가 한 일은 단지, 선택뿐이었습니다.
'믿느냐, 믿지 않느냐.'
'믿음'이라는 선택은 우리의 삶에 이벤트를 만들어주었고 후회 없는 시간을 선물로 남길 수 있었습니다.

절망의 활을 받아낸 가슴의 생채기에 천국은 좋은 치료약이 되었고, 절망과 고통 속에서 회복을 경험하는 기이한 은혜를 누릴 수 있었습니다.
누구나 언젠가는 죽음을 맞이합니다.
나에게, 사랑하는 가족, 친지, 친구에게
언제, 어떤 모양으로 찾아올지 모르는 죽음.
죽음의 또 다른 말이 천국이 될 수 있기를 소망합니다.

아이를 천국으로 먼저 보낸 지 3년여의 시간이 흘렀습니다. 여전히 자녀를 먼저 떠나보낸 슬픔을 해소하기 위한 방법을 찾고 있습니다. 그리워 애끓는 마음을 어떻게 해야 할지 몰라 울부짖으며 시간을 보내기도 합니다.

그럼에도 불구하고 죽음이 끝이 아니라는 것이 또 다른 시작이 있다는 것이 얼마나 큰 위안이 되는지요?

같은 아픔으로 슬픔 속에 있는 분들에게 조금이나마 위로가 되기를 바라며 길을 잃고 아파하는 분들에게 나름의 아픔을 견디고 있는 우리의 아픔을 먼저 내어드립니다.

1부

그 해 가을엔
절망의 바람이 불었다.

잘못된 적감

킥보드와 롱보드를 탈 때 누구보다 빛나던 사랑스러운 셋째 딸 지유.

친구들보다 머리 하나 정도 큰 체구 때문에 언니라 오해를 받기도 했지만 실상 또래보다 말도 느리고 뜻대로 되지 않으면 잘 토라지는 아이였다. 초등학교에 입학하면서 오빠들처럼 학교에 간다고 무척이나 좋아하던 그 또래 여느 아이들과 다를 거 없는 평범함도 있었다. 아쉽게도 코로나 때문에 온라인 수업이 더 많았지만.

그 사이 나는 실직을 했고, 남편의 수입만으로는 생활이 어려워 무슨 일이든 해야만 했다. 겨우 찾은 일이 새벽 6시 출근이라 부담스럽긴 했지만 눈앞에 쌓여가는 청구서를 보면 망설일 이유가 없었다. 무엇보다 아이들만 두고 일을 간다는 것이 처음에는 무척이나 힘들었다. 나만큼, 아니 나보다 더 아이들도 힘들어했다. 특히 지유가 많이 힘들어했다. 아직 엄마의 손이 한창 필요한 때였으니까.

모두가 힘들었지만 그래도 시간은 흘렀다. 3개월쯤 흘렀을 즈음, 퇴근하고 문득 아이들을 지켜보는데 지유의 행동이 많이 변했다는 걸 느꼈다. 부쩍 오빠들에게 시비를 걸고 짜증을 냈고, 대충 걸터앉은 소파에서 떨어져 엉덩방아를 찧기도 했다.

'지유가 많이 컸구나.'

지유의 여러 변화가 그저 성장통이라 생각하며 그렇게 대수롭지 않게 넘겼다.

하루가 다르게 아기처럼 떼쓰고 우는 일이 잦아지고 나서야 '아! 이건 뭔가 잘못됐다.' 라는 생각이 뇌리에 꽂혔다. 남편도 같은 생각을 했으니, 지체할 것 없이 병원을 찾았다. 엄마의 부재로 인한 애정결핍이라 생각하고 소아청소년 정신과를 찾았지만 결과적으로 상태가 더 퇴보되었다.

'왜 이러지? 혹시 자폐인 걸까?'

여자의 직감을 뛰어넘는 자녀를 향한 엄마의 직감은 더 무섭다던데 덜컥 겁부터 났다.

시한부요?

증상이 시작되고 일주일 정도 지났을까? 지유가 중심을 못 잡고 넘어지는 일이 반복됐다. 말투도 점점 어눌해졌고 음식도 잘 삼키지 못하는 것 아닌가.

'큰일이 생긴 게 틀림없어.'

다급해진 마음에 아이를 데리고 곧장 응급실로 달려갔다. 검사를 위해 대기하는 동안 병원을 이리저리 돌아다니는 지유의 모습은 위태로워 보였다. 흔들리는 지유의 걸음걸이를 보며 걱정과 두려움에 내 마음도 세차게 흔들렸다.

뇌염으로도 같은 증상이 있을 수 있다는 소견에 MRI 검사와 척수 검사를 진행했다. MRI 검사를 마치고 마취가 깨기 전, 척수에 차가운 소독약을 바르고 큰 바늘로 척수를 뽑으려는 찰나였다. 질끈 두 눈을 감을 뻔했던 내 눈에 분주해진 의료진들의 모습이 눈에 띄었다. 척수 검사를 멈추는 손길에 잔뜩 얼어붙었던 마음이 순식간에 녹았다.

'그럼 그렇지. 별일 아닐 거야. 다행이다.'

마음을 놓고 지유를 돌보고 있는데 의료진이 모니터 쪽으로 나를 불렀다. MRI 검사 결과를 알려주기 위해서라 생각하며 가벼운 발걸음을 옮겼다.

"뇌간교종입니다."

이번에도 나의 직감은 잘못됐다. 뇌간에 종양이 발견됐다는 것이다.

'뇌간? 종양? 그게 다 뭐람.'

의료진의 말을 도통 알아들을 수가 없었다. 아니, 아무 말도 들리지 않았다. 머릿속이 하얗게 변했다. 그러다 의사의 말에 정신이 번쩍 났다.

"한 달 정도의 시간이 있습니다."

'한 달? 대체 뭐가 한 달이라는 거지?'

손이 떨리고 다리에 힘이 풀렸다. 털썩 주저앉을 것만 같았다.

'설마 지유가 살 수 있는 날이 한 달이라는 걸까?' 여덟 살 딸이 지금 막 시한부 판정을 받았는데 제정신인 엄마가 있을 까? 그래도 정신을 붙잡아야 하는 게 엄마이기에 입원 수속을 하고 병실에서 하룻밤을 보냈다.

그날 밤, 나와 지유는 무슨 생각을 했을까, 기억을 더듬어 봐도 그날의 생각은 도무지 찾을 수가 없다. 다음 날, 오전 회 진 시간이 돼서야 자세한 이야기를 들을 수 있었다.

'뇌간교종' 지유의 병명이다. 이름도 생소한데 유일한 치료 방법이 방사선 치료뿐이라니, 그마저도 치료 후 2, 3개월 정도의 연장된 삶을 사는 것이 전부라니.

마른하늘에 날벼락도 이런 날벼락이 없었다. 털썩 주저앉아 울어 버렸다. 혹시나 지유가 들을까 숨죽여 울 수 밖에 없었지만 한참을 울다 퉁퉁 부은 눈으로 아무렇지 않게 지유에게 사랑한다고 말해줬다.

잠시 후, 소식을 듣고 한걸음에 달려 온 목사님 앞에서 다시 눈물을 흘렸다.

"울지 마세요. 하나님께 기도해요. 우리."

'기도?'

화가 났다. 참았던 화가 치밀어 올라 소리쳤다.

"어떻게 안 울 수가 있어요? 네?"

화는 이내 원망이 되었다. 분노와 원망이 하나님을 향했다.

왜 하필 지유입니까...?

왜요?

왜...?

어차피 선택은 하나

　유일한 방법인 방사선 치료를 받기로 했다. 이마저도 주변 조직에 영향을 줄 수 있어 예후는 장담할 수 없었다. 지유는 방사선 치료 중에서도 토모치료를 받게 됐다. (주변에 영향을 최소화할 수 있는 방법으로 양성자 치료도 있지만 뇌간의 위치가 깊어 토모치료를 받을 수 밖에 없었다. 결과적으로 종양 외에 주변 조직의 괴사로 정상적인 회복은 없었다.) 항암 치료를 받는 건 아니었지만 수액과 여러 주사제를 맞아야 했기에 히크만이라는 중심정맥관삽입술도 받아야 했다.

　진단 후 정말 많은 일이 선택의 여지도 없이 빠르게 진행됐다. 어차피 선택지가 없었기에 그야말로 일사천리였다. 짧은 시간에 병원 생활이 익숙해졌다. 지유도 투병 생활에 적응해 갔다. 세균 감염을 막기 위해 소독하는 걸 가장 싫어하긴 했지만 울고불고 떼쓰진 않았다. 철부지 지유가 무섭도록 빠르게 의젓해져 갔다.

　그럼에도 투병 생활은 하루하루가 전쟁이었다. 특히 방사선 치료를 할 때는 더욱 그랬다. 밤부터 다음 날 오전 방사선 치료 출발 시간까지는 금식을 해야 했는데 새벽 3-4시에 깨는 날엔 오전 9시까지 기다리는 일이 특히나 힘들었다. (지유는 국립암센터에 입원해 방사선 27회를 토모치료로 진행했다.)

　스테로이드제 부작용으로 식욕이 왕성해진 탓에 늘 배고픔과 싸워야 했던 지유가 이때만큼은 폭군으로 변했다. 성격의 변화 역시 부작용의 일부라는 것도 알게 됐다. 방사선 치료가 횟수를 더할수록 지유의 얼굴에는 마스크 자국이 선명해졌다. 10kg가량 급격하게 불어난 탓이었다. 빼빼 말랐던 지유는 더 이상 없었다. 방사선 치료만 받으면 아프기 전으로 돌아갈 거란 생각은 착각이었다. 물론 좋아진 기능들도 있었지만 주변 조직이 부어서 오른손에는 마비가 왔고 팔과 다리는 점점 힘을 잃어 갔다. 스테로이드제를 끊을 수가 없기에 부작용은 더해만 갔다. 시한부 판정 후 모든 것이 멈춘 것 같았지만 시간은 계속 흘렀다. 끝이 보이지 않던 27번의 방사선 치료를 마치는 날이 오기도 했으니까.

　기쁠 것만 같았던 그 순간, 나는 참 많이 슬펐다. 이제 더 이상 해 줄 수 있는 게 없었으므로 그리고 이왕이면 원망 대신 신뢰를 선택하기로 마음먹었다.

　　하나님을 향한 무한 신뢰!

*뇌간: 척수와 대뇌 사이에 줄기처럼 연결된 뇌의 부분으로 중간뇌, 다리뇌, 숨뇌로 이뤄져 있다.

*뇌간교종: 뇌간에 생기는 신경교종. 일반적으로 연수, 뇌교 또는 중간뇌에 생기는 성상세포종이다.

*토모치료: 고에너지 엑스레이를 이용한 방사선 치료기와 전산화단층촬영이 가능한 CT를 접합한 최첨단 방사선 치료기를 이용한 영상유도 방사선 치료이다.

*방사선 부작용을 최소한 양성자 치료는 삼성병원과 국립암 센터에 있다.

맨들맨들 빡빡이

방사선이 통과한 부분의 머리카락이 모두 빠졌지만 워낙 숱이 많았던 터라 고맙게도 윗머리가 뒷통수의 빈 부분을 감쪽같이 가려줬다. 그 덕에 헤어스타일만은 유일하게 아프기 전의 모습을 간직할 수 있었다. 방사선 치료를 모두 마친 날에는 미용실에 들려 머리카락도 다듬고 집에서 크리스마스 맞이할 준비를 했다. 늘어난 체중에 맞게 새 옷을 사서 단장을 하고 잠깐의 외출을 하며 병마에 지유를 빼앗기지 않으려 안간힘을 썼다.

나의 노력을 비웃듯 병변은 계속 진행되고 있었다. 스테로이드제와 덱사메타손을 끊기 위해 약물의 양을 줄였지만 살은 점점 더 찌고 힘은 빠져갔다. (덱사메타손은 뇌 안의 종양에 눌려 붓거나 방사선 치료로 인한 붓기를 줄여줘 잠시나마 증상들이 완화되어 보인다. 하지만 오래 사용하면 부작용이 크다.) 게다가 늘 배가 고프다던 지유가 도통 먹을 생각도 없이 두통을 호소하며 잠만 자려고 하는 것 아닌가.

평소와 다른 행동을 보이던 지유는 또다시 검사대에 몸을 맡겨야 했다. 검사 결과는 뇌 안에 있는 내실에 물이 차는 뇌

수종이었다. 뇌간 기능이 좋지 않으니 순환이 안 되고 내실에 물이 고이는 것이었다. 내실에서 배로 물을 빼주는 호스를 피부에 심는 션트 삽입술이 필요했다. 상태가 좋지 않아 다음날로 바로 시술 날짜를 잡았다.

시술을 위해 가장 먼저 해야 할 일은 다름 아닌, 머리카락 밀기였다. 나의 유일한 위안이었던 지유의 머리카락을 민다니 서운함에 괜히 지유의 의견을 물었다.

"지유야, 지유 아프지 않게 수술해야 하는데 맨들맨들 빡빡이가 될 거야. 괜찮아?"

"맨들맨들 빡빡이? 하하하 괜찮아."

어쩜 싫다고 떼 쓸 수도 있을 텐데 웃으며 괜찮다는 지유와 달리 나는 눈물이 났다. 비교적 간단한 뇌수술이지만 오른쪽 머리 위에 기계가 있어 볼록하게 생길 혹, 머리와 배에 생길 상처와 관이 지나는 곳에 멍까지... 종양과 더불어 지유와 한 몸이 되어 투병의 증거들이 하나씩 늘어나고 있다.

순간의 반짝임이라도

방사선 치료 후 아주 잠깐이라도 좋아 질 수 있다는 시간이 지유에게는 허락되지 않았다. 눈 깜빡임, 오른쪽 다리 떨림.. 오히려 새로운 증상들이 계속해서 나타났다. 경련 예방약도 추가됐다. 갑자기 15kg이나 체중이 늘어나면서 지방이 쌓인 몸에 주삿바늘을 끼우는 것도 쉽지 않게 되었고, 괜찮아진 줄 알고 퇴원을 했다가 며칠 뒤에 다시 입원하기를 반복하기도 했다. 사실상 병원에서도 션트 수치와 상태 체크를 하고 나면 딱히 해 줄 수 있는 건 없었지만 혹시 모를 예측할 수 없는 위기 상황을 위해서 해 줄 수 있는 것들이 하나씩 생겨나기도 했다.

그 중 하나가 앞으로 잦아질 응급상황에 대비해 케모포트를 삽입하기로 한 것이다. 먼저 덱사메타손의 양을 늘려 투여한 후 컨디션을 회복시킨 후 삽입 시술이 진행됐다. 몸 속으로 들어가는 거라 관리가 쉬울 줄 알았는데 덱사메타손 부작용으로 상처가 쉽게 아물지 않는 게 문제가 됐다. 결국 봉합해 놓은 부위가 터지고 말았다. 애써 봉합해 놓은 내 마음도 함께 터져 버릴 것만 같아 두 눈을 질끈 감아버렸다.

순간의 반짝임이라도 좋으니 아픔이 없었던 그때로 돌아갈 순 없을까?

*케모포트: 중신정맥관 중 하나

오아시스

나 혼자만 이 고통을 겪는다고 생각하니 힘든 마음이 켜켜이 쌓여갔다. 답답한 마음에 검색창을 두드려 봐도 뇌간교종을 앓고 있는 아이들의 이야기는 없었다. 투병 4개월 차를 지나며 지유는 이미 여러 차례 위급 상황을 겪었다. 내일을 알 수 없기에 더 두려웠다. 우리에게 찾아올 미래를 알고 싶었다. 간절함과 두려움을 잠재우기 위해 검색창을 두드리는 일이 습관이 되었다.

'KBTA뇌종양 환우회?'

그동안 보이지 않던 밴드가 눈에 띄었다. 사막에서 오아시스라도 만난 것 마냥 갈증이 해소됐다. 바로 가입을 하고 지유의 상황을 공유했다. 댓글로 친절하게 맞아주시는 분들이 있어 편안했다. 진단 후 살얼음판을 걷던 내가 실로 오랜만에 느껴보는 평안이었다. 정말 많은 아이들의 투병 생활이 공유되고 있었고 먼저 떠난 아이들의 아픔과 슬픔이 있는 곳이었다. *KBTA뇌종양 환우회(뇌간교종DIPG) band. us/@healme*는 투병 생활 내내 정말 많이 의지했던 공간이 되었다.

'세상에..! 이렇게 많은 아이들이 뇌간교종으로 고통 받고 있었구나.'

지유가 뇌간교종이 아니었더라면, 뇌간교종이란 병명을, 고통 받는 많은 아이들을, 아이들의 부모와 가족이 겪어야 하는 아픔을, 어쩌면 평생 몰랐을 수도 있었다. 나처럼 이들 역시 원치 않게 사막의 한가운데 떨어져 갈 길을 잃고 방황했을 터.

서로가 서로에게 오아시스가 되어 지독하게 외롭고 고통스러운 이 시간을 잘 걸어갈 수 있기를 기도하는 시간이 되었다.

덤으로 사는 시간

진단 후 3개월 동안 우리는 죽음을 받아들였고 천국 소망을 나눴다. 그리고 이제 덤으로 사는 삶을 준비하기로 했다. 2월 21일, 그 첫 번째 절차로 지유와 마지막 인사를 촬영했다. 방사선 치료 후 3개월 정도가 지나면 상태가 급속도로 나빠질 수 있다는 주위의 조언을 받아들였고 미리 지유의 목소리가 담긴 마지막 인사를 남기기로 한 것이다. 지유가 처음이자 마지막으로 죽음에 대한 두려움과 이별의 슬픔에 울음을 터뜨렸다. (이후로 지유는 같은 이유로 울지 않았다)

"집에 못 돌아올 수도 있어?"

"죽을 때 아파?"

"하나님이 지유 아프게 안 하실 거야. 우리 그거 믿자. 지유가 먼저 천국에 가 있으면 엄마, 아빠도 따라갈게. 지유야 많이 사랑해. 엄마 딸로 와줘서 고마워."

우리는 꼭 전해야 할 대화들로 마지막 인사를 미리 나눴다. 오늘 이별해도 이상하지 않은 상황. 지금 이 순간부터 주어진 시간은 덤으로 얻었다.

덤으로 얻은 삶

후회 없이

감사히 잘 사용하겠습니다.

지유가 그린 우리가족♡

2부

겨울
고요한 밤은 오지 않았다.

왜

"엄마, 나는 왜 고칠 수가 없어?"

지유의 질문에 말문이 막히고 말았다.

'뭐라고 말하면 좋을까? 그래, 이럴 땐 솔직한 게 최고다.'

"글쎄.. 그건 엄마도 잘 몰라."

무거운 침묵이 이어졌다. 잠시 후 어렵게 다시 입을 뗐다. 그리고 담담하게 말했다.

"지유야, 지유가 엄마보다 먼저 하나님 만나면 물어봐야 할 것 같아."

언제부턴가 자주 넘어지는 지유를 데리고 병원으로 가서 여러 검사를 받은 게 작년 가을쯤 그리고 2020년 10월 11일, 살면서 한 번도 들어 보지 못했던 병을 진단받았다. '뇌간교종' 그게 대체 무슨 병이지? 내겐 8년 1개월간 그저 장난꾸러기 막내딸이기만 했던 지유에게 얼마나 무서운 병이 찾아왔는지 알아가고 있다. 불과 97일이 지났을 뿐인데, 아이의 병세는 눈에 띄게 악화되었다. 통증 때문인지 소리를 지르거나 화를 내는 일이 많아졌지만 부쩍 생각지도 못한 질문으로 자주 나를 놀래키기도 한다. 어쩐 일인지 평소보다 질문이 많은 오늘 포트 삽입한 곳이 아물어 방수테이프를 붙이지 않고 씻을 수 있게 된 지유와 목욕을 하면서 율아가 맹장수술을 한다는 이야기를 나눴다.(율아는 엄마 친한 동생의 딸이다. 평소 지유는 율아언니를 잘 따랐다.)

"나랑 율아언니 중에 누가 더 아파?"

"지유가 더 아파. 지유는 고칠 수가 없잖아."

고칠 수 없다니.

딸에게 이런 말을 하다니.

내뱉은 말에 마음이 아려온다. 지유는 율아언니가 부럽다고 한다.

"지유야, 하나님 미워?"

"몰라."

지유가 하나님을 원망하지 않기를 바라고 기도할 뿐이다.

좋을 텐데

"엄마, 소변이 잘 안 나와."

한참을 변기 위에 앉아 있던 지유의 말에 왈칵 눈물이 쏟아졌다. 지유를 붙잡고 엉엉 울어버렸다.

"엄마가 다 미안해 지유야. 미안해."

하루가 다르게 지유의 발은 붓고 오른쪽 눈이 커지면서 사시처럼 변해 가고 있다. 무엇보다 스테로이드제를 줄이면서 식욕이 줄어 잘 먹지 못하고 대소변을 시원하게 볼 수 없어 힘들어한다. 병원에서도 치료 방법이 없다고 한다. 식욕을 돋우는 시럽 처방뿐 갑작스럽게 변하는 증상들을 마주할 때마다 무섭고 어떻게 해야 할지 모르겠다.

오늘도 속이 불편해 짜증을 내는 지유에게 해 줄 수 있는 게 없다. 그저 불편한 배를 어루만져 주며 시간이 해결해 주길 기다린다. 그런데 오늘은 엄마 손은 약손도 소용이 없다. 손을 밀어내더니 불쑥 성연이를 찾는다.

"성연이 오빠는 어디 갔어?"

"학교에 갔지."

"나도 학교 갈래."

"그래, 엄마랑 아빠랑 학교에 가보자."

"싫어, 나 혼자 갈래."

"음, 그래."

지유가 아프지 않았다면 성연이랑 함께 등교를 했을 텐데, 혼자 학교에 간 오빠가 부러운가 보다.

세 살 터울인 둘째 성연이와 지유는 남다른 우애를 갖고 있다. 지유가 병설유치원에 다니던 시절 방과 후 지유를 하원 시키는 건 성연이 몫이었다. 어린 남매가 집으로 돌아오는 길에 의지할 사람은 서로밖에 없었다. 두 손을 꼭 잡고 서로만을 의지한 채 집으로 오는 길 둘만의 비밀이 쌓여가는 동안 우애는 돈독해질 수밖에 없었겠지. (지유가 천국으로 간 후 성연이는 누구보다 힘든 시간을 보냈다. 지유와 함께 집으로 오는 길에 함께 간식을 고르던 시간이 가장 행복했다고 고백하는 성연이는 마음속에 생긴 지유라는 공백을 잘 메우려 노력하고 있다.)

때로는 우애 좋게 때로는 아웅다웅 커가는 아이들의 모습을 계속 볼 수는 없는 걸까?

우리 다섯 식구.

오래도록 함께라면 좋을 텐데...

정말 좋을 텐데...

영원한 봄

쌓여 있는 눈이 아직 우리 곁에 겨울이 머물러 있음을 알게 한다. 차가운 바람에 지유와의 외출이 걱정스럽지만 찰나의 볕이 따뜻해 산책을 하기로 마음먹었다.

"엄마, 난 왜 학교를 못 가?"

"왜 난 못 뛰어?"

휠체어에 앉아 동네 이곳저곳을 지나다 보니 예전 기억이 나는지 투정을 부린다.

"지유야, 하나님께서..."

언제나처럼 하나님 이야기를 꺼내 본다. 그런데 오늘은 안 통한다. 지유의 억지스런 투정이 계속된다. 그래도 이 말은 꼭 하고 싶었다.

"지유야, 그래도 우리 하나님은 원망하지 말자."

지유가 말이 없다.

"지유, 학교 가고 싶어?"

"응"

"그래?"

'그랬구나. 지유가 학교에 많이 가고 싶어서 그랬구나.'

지유의 마음을 알게 해주신 하나님께 감사하며 그길로 예고도 없이 학교로 향했다. 그런데 이를 어쩜담, 지유가 다니던 학급은 별관 3층인데 엘리베이터가 없다. 높은 계단 앞에 서서 난감해하고 있는데 지유가 망설임 없이 휠체어에서 일어난다. 오른쪽 팔, 다리에 마비가 와서 혼자 설 수도 걸을 수도 없는 지유인데 부축을 해주니 한발 한발 계단을 오르는 것 아닌가! 이렇게 씩씩한 지유를 보고 있자니 건강했더라면 땀을 뻘뻘 흘리면서도 뛰어서 단숨에 올라갔을 지유의 모습이 눈에 선하다. 지유의 마음만은 그때와 같았을 테지. 비록 지금은 그때와 달리 오랜 시간이 걸렸지만 그때처럼 2학년 2반에 도착했다.

"지유가 왔어요!"

실례를 무릅쓴 방문이었는데 담임 선생님이 소란스러운 분위기를 정리하고 지유를 맞아주셨다. 부종으로 몰라보게 달라진 모습으로 휠체어를 타고 나타난 지유를 보고 친구들은 고맙게도 반겨주었다.

"지유야, 아프지 말고 빨리 나아서 학교에 다니자!"

지유를 기다리며 친구들이 말했다. 꼭 그렇게 됐으면 좋겠다. 하지만 그럴 수 없다는 것이 속상했다. 짧은 만남을 뒤로 하고 집으로 가는 길.

'아, 힘들다. 학교 가는 길이 이렇게 힘들 일인가.'

지유도 힘들었던지.

"다시는 학교 안 가!" 라고 한다.

당연했던 것들이 하나, 둘 멀어지고 있다.

다음에 멀어지게 될 건 뭘까?

지유와의 시간은 멀어지지 않는

찰나의 볕이 아닌 영원한 봄이었으면 좋겠다.

100일잔치

지유를 내 배 위에 올려 꼭 안아주었다. 마치 백일 된 갓난 아기처럼 오늘은 지유가 뇌간교종 진단을 받고 투병 생활을 시작한 지 100일째다. 잔치라도 하고 싶은 마음이다. 아이가 아픈데 잔치라니 말도 안 되는 소리 같지만 투병 후 우리에게 하루하루는 선물이고 기적이다. 지난 100일 동안 병마와 잘 싸워준 지유와 지유의 호흡을 허락하신 하나님께 감사해서 잔치라도 하고 싶은 심정인 것이다.

투병 후 15kg나 증량해서 무게감은 있지만 그만큼 더 따뜻한 온기가 느껴졌다. 따뜻함과 감사, 슬픔과 서러움이 뒤엉켜 눈물샘이 터졌다. 결국 못 참고 꺼이꺼이 큰소리 내며 울었다. 지유는 그런 나를 보고 그냥 웃는다.

"지유야, 생각 나?"

"…"

"방사선 치료할 때, 지유가 엄마한테 '엄마~ 울어도 돼. 내 품에서 울어~.' 했던 거?"

지유가 부끄러운 내색을 한다. 그리곤

"잊어." 라고 한다.

어떻게 잊겠니.

너를 처음 품에 안던 그날

너에게 지유라는 이름을 처음 불러 주던 그날

네가 처음 걷던 그날

처음 '엄마'라고 불러 주던 그날

너의 모든 순간을 어떻게 잊겠니.

앞으로 더 많은 '너의 처음'을 함께 하고 싶은데, 그럴 순 없을까? 그래도 고마워. 울어도 된다는 그 위로가 눈물을 감추지 않는 이유가 되었고 조금 울더라도 다시 일어나 웃을 수 있게 되었으니까.

지유와의 달콤한 시간도 잠시, 완화의료 상담이 있는 날이라 지유 없이 혼자 길을 나섰다.

'완화의료'

죽음을 준비해야 한다. 그것도 이제 아홉 살 된 딸의 죽음을 준비해야 한다.

'갑자기 죽음이 오면 어떻게 해야 하지?'

지유와 함께 있을 땐 뭐라도 할 수 있을 것 같은데 혼자 있을 땐 죽음의 파도에 갇혀 두려움이 밀려온다. 운전하고 가는 차 안에서 마침 흘러나오는 '예수 나의 좋은 치료자.'

찬양에 참았던 눈물을 쏟아내며 하나님께 묻는다.

"치료자 되시는 주님, 하나님은 다 아시지요? 그렇죠? 하나님은 다 알고 계시지요?"

요즘 들어 하나님께 반복적으로 묻게 된다. 지유가 요즘 내게 묻는 것처럼.

"난 왜 못 나아? 난 왜 못 걸어?"

지유가 물을 때마다 나의 대답은 같다.

"그건 하나님만 아셔."

하나님만 아는 때.

앞으로 100일 후에도 지유와 함께 할 수 있을까?

하나님, 우리의 좋은 치료자가 되어 주세요!

함께 있는 것만으로도 행복한 시간

오전 일찍 병원에 가는 날이다. 오늘은 진료할 과가 4군데나 된다. 소아청소년과, 내분비내과, 재활의학과, 신경과. 왜 이리 진료과가 많아졌는지 진료 받다가 하루가 다 지났다.

"왜 안 돼? 난 왜 못 해?"

종일 휠체어에 앉아 자유롭지 못한 상황이 못마땅한지 체중에 눌려 엉덩이가 아픈 건지 긴 시간 동안 지유가 몇 차례 짜증을 낸다.

'지유는 얼마나 힘들까? 힘든 투병생활이지만 우리 곁에서 잘 감당하고 있잖아. 조금 불편한 몸이지만 함께 있는 것만으로도 행복이야'

눈에 보이는 현상이 아닌, 눈에 보이지 않는 지유의 마음을 들여다보니 잘 견뎌준 지유가 그저 고맙기만 하다.

지유를 꼭 안고 함께 할 수 있는 이 시간이 최고로 행복하다.

힘 겨루기

악몽 같은 밤을 보냈다. 새벽 2시 30분, 3시 30분. 지유가 화를 내고 소리를 지르다 잠자는 것을 반복했다. 그 짜증이 종일 계속된다. 지유의 기분을 풀어주려 산책길에 올랐는데 오히려 독이 된 걸까? 휠체어에 앉은 지유의 오른쪽 다리가 덜덜덜 떨린다.

'다리가 왜 이렇게 떨리지?'

지유의 다리를 붙잡아도 보고 주물러도 보지만 나아지지 않는다. 덜덜덜 떨리는 다리처럼 불안하고 초조해져 허둥대고 말았다.

"나가! 나가!"

그런 내가 답답한 건지, 산책 후 집에 돌아와 침대에 앉아 온 몸으로 절규하고 목소리를 높여 침대 밖으로 나가라고 악을 쓰고 소리를 지른다. 그런 지유를 위해 해 줄 수 있는 일이 없다. 지유가 혹시나 침대에서 떨어지진 않을까 숨죽여 침대 밑에 기대앉아 있는 자신에게 무력함을 느낀다. 그런 내게 보란 듯 절규를 멈추지 않는 지유를 바라본다.

'내가 지유처럼 아무것도 할 수 없는 상태라면 어떨까?

내가 말을 하는데 상대방이 못 알아듣는다면 어떨까?'

상상하고 싶지도 않다.

'아! 정말 이렇게 괴로울 수밖에 없겠구나!'

뭐라도 해주려고 동동거리던 마음의 힘을 빼고 절규하는 지유를 그냥 두기로 한다.

"지유야, 울고 싶으면 울어. 괜찮아. 엄마가 있잖아. 그리고 엄마가 미안해. 엄마가 지유 마음 몰라줘서 미안해."

지유를 끌어안고 또 울어버렸다. 그렇게 우리는 서로의 심장이 맞닿은 채 한참을 울었다. 잔뜩 성이 나 씩씩거리던 지유의 숨소리가 조금씩 잦아들고 지유도 그제야 힘을 뺐다. 힘겨루기를 내려놓자 평안이 찾아왔다. 감사가 쌓인다.

어쩐 일인지 식욕부진으로 일주일 정도 아무것도 먹지 못하던 지유가 대체 영양제나 약은 거부하고 오늘은 오히려 밥을 더 찾았다. 양은 여전히 적지만 밥을 먹는다는 것 자체가 감동인 현실.

먹을 수 있다는 것, 숨 쉴 수 있다는 것.
걸을 수 있다는 것. 이 모든 것이 은혜이다.
내 힘으로 하려고 안간힘을 쓰던 것들을 내려놓으면
보이는 하나님의 선물이다.

하고 싶은 건 다 하기로 했다

새벽 2시 30분

지유가 발차기를 하며 소리를 지르기 시작한다. 어제보다 오늘 더 소리도 절규도 강도가 크다. 소란스러움에 가족 모두 눈을 뜨게 한 후에야 지유는 무슨 일이 있었냐는 듯 쌔근쌔근 잠이 들었다. 그것도 잠시, 눈을 뜨자마자 말한다.

"엄마! 물놀이!"

'이 새벽에 물놀이라니?'

인생은 선택의 연속이라지만 지유의 투병생활로 책임이 무거운 선택의 순간이 잦아졌다. 그 덕에 고민의 시간도 점점 짧아질 수 있었다. '지유가 하고 싶다면 다 해주자.'로 결정의 기준을 정했기 때문이다.

'그래! 물놀이 해야지! 지유가 하고 싶으면 해야지!'

짧은 고민 끝에 피곤한 몸을 이끌고 욕조에 물을 받는다. 아픈 후로 물놀이를 찾는 날이 많아진 지유다. 건강했더라면 밤낮없이 이리저리 뛰어다니며 놀았을 텐데, 자유롭지 못한 몸이 많이 답답하겠지. 아마도 물속에서 가벼워지는 느낌이 좋은 것 같다. 지유가 좋으니 나도 좋다.

새벽 3시 30분

이번에는 라면을 끓여달라고 한다.

'그래! 지유가 먹고 싶다면 먹어야지!' 몸에 안 좋다지만 그깟 라면! 일주일이나 아무것도 먹지 못해 안쓰러웠는데 먹고 싶은 게 있다니 끓여주기로 한다. 그것도 이왕이면 아주 맛.있.게! 그래도 죄책감의 무게를 덜고자 면을 먼저 끓여 기름은 버려내고 끓여주었다. 지유가 혼자 포크로 먹겠다고 한다. 기특하다. 이 선택도 아주 잘한 것 같다.

새벽 6시

오늘따라 컨디션이 좋은지 여전히 쌩쌩한 지유. 또 물놀이를 하고 싶단다. '그래! 그것도 하고 싶다면 해야지!' 기분 좋게 물놀이를 하며 지유가 속내를 내비친다.

"엄마! 나 잠을 못 자겠어."

밤마다 잠에서 깨서 다시 잠에 못 드는 게 지유도 사실 힘들었나 보다. 함께 할 날이 얼마 남지 않았다는 걸 아는 걸까? 약물로 인한 호르몬의 변화인 걸까? 다 알 수 없는 일들로 걱정이 밀려온다. 이럴 때도 선택이 필요하다. 걱정 보다 현재에 충실하기!

'지유가 우리 곁에 함께 있고, 이렇게 하고 싶은 게 있다는 건 행복한 거야.'

아직 오지도 않은, 어쩌면 오지 않을 수도 있는 내일을 위해 오늘을 아껴가며 살지 않기로 마음먹었다.

오늘 하고 싶은 건, 오늘 다 해보자!

하얀밤

알람처럼 지유의 목소리에 눈을 떴다. 그런데 이게 어떻게 된 일이지? 지유가 침대에 걸터앉아 있는 거 아닌가. 깜짝 놀라서 벌떡 일어나 지유 옆에 앉았다.

'어떻게 혼자 몸을 움직였지?'

몸의 근육이 빠지고 편마비가 와서 혼자서 움직일 수 없는 지유가 어떻게 혼자 앉을 수 있었단 말인가!

'혹시 기적이라도 일어나려는 걸까?'

일말의 기대와 동시에 놀란 가슴을 쓸어내려야 했다. 시계를 보니 새벽 1시 30분. 오늘도 어김없이 물놀이를 원하는 지유를 위해 욕조에 물을 받는다.

"엄마! 최고! 물놀이 허락해 주는 사람은 엄마밖에 없어!"

해맑게 웃으며 물장구를 치는 지유는 영락없이 아프기 전 개구쟁이 모습 그대로다. 그 모습이 고마워 이 시간을 붙잡고만 싶다. 추억에 젖어 있는데, 금세 한풀 꺾인 지유가 묻는다.

"근데... 엄마... 나 어떻게 자...?"

"지유야, 잠이 안 와?"

"응. 자고 싶은데 잠이 안 와."

"그래? 잠 안 오면 자지 말자~. 엄마랑 놀자."

지유와 대화하며 장난치며 꾸벅꾸벅 졸며 밤을 지새우다 어렴풋이 해가 뜨는 걸 느끼며 잠이 들었다. 아픈 후로 지유는 외모도 성격도 눈에 띄게 달라졌다. 어떤 날은 지유를 보고 있으면 낯설게 느껴지기도 한다. 부쩍 소유욕이 많아졌다는 것도 달라진 점 중 하나다. 자식이 원한다면 뭐든 다 해주고 싶은 게 이 세상 모든 부모의 마음이건만 하물며 내일이 보장되지 않은 시한부 자녀라면 더더욱 하늘의 별도 따주고 싶은 게 부모의 심정이다.

하지만 이 기가 막히는 상황에도 현실은 현실이다. 당장 지유 치료비도 감당하기 어려운 경제 형편에 지유를 돌보며 할 수 있는 일을 찾다가 고무 끼우기 알바를 시작했다. 잠든 지유가 깨기라도 할까봐 이불을 뒤집어쓰고 누워 한참을 꼼지락거리며 고무를 끼웠다.

얼마나 지났을까... 이불 속 공기가 답답하게 느껴져 이불을 걷고 침대에 걸터앉아 고무를 끼우기로 했다. 그때였다. 지유가 혼자 벌떡 앉는 것이다. 지유가 혼자 일어나는 걸 본 건 이번에 처음이다. 항상 일어나 앉아 있는 모습만 보고 '어떻게 일어난 거지?' 의아해만 했었다. 오른쪽 사용이 불편한 지유가 왼손으로 몸을 지탱하고 반동으로 몸을 세운 것이었다.

"어머! 어머! 지유야! 잘한다!"

처음 보는 광경에 놀라 불쑥 칭찬이 튀어나왔지만 이내 마음이 아프다. 처음 뒤집기를 하는 아이를 보듯, 처음 기어다니는 아이를 보듯 감격에 찬 부모처럼 지유를 바라보았지만 얼마나 용을 쓰듯 애쓸지, 혹시 무리가 가지는 않을지 걱정도 밀려온다.

"지유야, 엄마 아빠가 도와줄게. 혼자 너무 힘들게 하지 마. 알겠지?"

말없이 나를 빤히 바라보는 지유.

이 큰 변화를 받아들여야 하는 아이는 어떤 마음일까..?

'엄마가 미안해'

하지만 최근 들어 지유를 가장 힘들게 하는 건 대소변 기능이 저하되고 있다는 것이다.

"지유야, 대소변 보는 기능부터 힘들게 하나봐."

나는 눈앞의 현실을 긍정도 부정도 아닌 최대한 솔직하게 아이에게 말해주곤 한다. 말이 가시가 되어 내 가슴을 찌르지만 오히려 지유는 담담하다.

"음.. 나는 이제 어떻게 변할까?"

하루가 다르게 달라지는 상황에 당황하고 낙심하는 나와 달리 자신의 미래를 담담히 받아들이듯 말하는 지유가 놀랍다.

뇌간교종.

언제 어떻게 아이들을 변하게 할지 모르는 무서운 병.

한 해 동안 약 20여명의 아이들이 뇌간교종으로 인해 생명을 잃는다고 한다. 언제쯤 이 병으로부터 아이들을 보호할 수 있을까? 지유가 잠들지 못하는 덕에 우리의 하루는 길어졌다. 백야의 축제를 열고 뜨거운 시절을 보내는 사람들처럼 우리도 더 뜨겁게 사랑하며, 기도하며 하얀 밤을 지새야겠다.

주님! 주님만이 고치실 수 있습니다.

여호와 라파 우리 하나님! 우리 아이를 살려주세요.

삶과 죽음의 경계, 그것은 사랑이었다.

새벽 4시.

오늘은 지유가 평소보다 조금 늦게 잠에서 깼다. 소리를 지르며 몸부림을 치며 앉아보려고 애쓰다 잘 안되니 울고 만다. 잠시 그런 아이를 지켜보며 그냥 두었다. 한참을 발악하는 지유에게 낮은 어조로 단호하게 말했다.

"지유야, 힘든 게 있으면 엄마한테 말해줄래? 이렇게 화 낸다고 알 수 없어."

"무서워. 두렵다고."

예전에 무서운 귀신 이야기를 들었던 게 생각났는지 귀신 이야기를 하면서

"그거 진짜 아니지?" 하고 묻는다.

"지유야, 귀신은 실제로 있지만 우리 눈에 안 보여. 예수님께서 귀신을 쫓아 주셨어. 우리는 보호 받고 있어. 지유 무서우면 엄마가 안아줄게."

지유의 절규는 살고 싶다는 몸부림이었을까? 죽음이 무섭다는 외침이었을까? 아홉 살 아이에게 죽음은 어떻게 다가오고 있을까? 지유는 지금 어떤 시간을 보내고 있을까?

아주 잠시라도 지유가 되고 싶다.

아주 오랫동안 대신 아프고 싶다.

오늘도 하루를 반신욕으로 시작한다. 따뜻한 물을 지유 배꼽까지 받고 앉았다. 아프기 전에도 무서울 때면 찬양을 틀어달라고 하거나 교회에 가자고 했던 지유.

그때가 생각났는지 묻는다.

"엄마! 나 찬양 부르는 거 좋아했지?"

"응, 맞아! 지유는 찬양을 부르는 것도, 찬양을 듣는 것도 좋아했어."

나는 지유가 뇌간교종을 진단받기 1년 전부터 신앙생활을 시작했다. 식구들 중에 나의 신앙메이트가 되어 준 건 지유였다. 지유는 찬양을 무척이나 좋아했는데 예배 중에 처음 듣는 찬양이 나오면 가사가 있는 곳을 가리키며 나를 툭 치곤 했다. 찬양 제목을 기억해달라는 신호다. 그리고 예배가 끝나고 돌아오는 길에 기억나는 찬양을 흥얼흥얼 부르곤 했었다.

"나는 하나님이 좋은데 하나님은 나를 어떻게 생각하실까?"

"하나님께서 지유를 보고 아주아주 예뻐하실 거야. 우리 지유 예쁘다. 잘하고 있다. 하실 거야."

지유를 향한 내 마음이 이런데 하나님은 오죽하실까. 지유와 이런 대화할 수 있다는 것이 은혜다. 오늘처럼 컨디션이 좋아서 대화가 잘 될 때면 아프기 전보다 더 깊은 대화를 나누니 감사하다.

무엇이 삶이고 무엇이 죽음일까?
삶과 죽음의 경계를 아슬아슬하게 줄타기 하고 있는 지금의 우리가 할 수 있는 건 그저 오늘도 사랑을 기다리는 일이다.

사랑 안에서 삶과 죽음은 경계가 없을 테니까.

두 마리 토끼

벌써 며칠째 지유가 집에 있는 검정 푸들 콩이 대신 하얀 말티즈를 키우고 싶다고 조른다. 그것도 모자라 강아지를 많이 키우고 싶단다. 예전 같으면 "안 돼!" 하고 단호하게 말했지만 지금은 지키지 못 할 걸 알면서도 하얀 거짓말을 해본다.

"지유가 열 살이 되면 큰 마당 있는 집으로 이사 가서 키우자."

강아지도 모자라 고양이까지 키우자며 숫자를 늘려가며 열심히 말하는 이 상황이 서글퍼 또 눈물이 흐른다.

지킬 수 있는 약속이 되면 좋겠다.
지유의 인생에 열 살이 오면 좋겠다.
이 두 마리 토끼를 모두 잡고 싶다.

다정한 인사

오늘은 일주일에 한 번 교회에 청소하러 가는 날이다. 지유가 함께 가길 원해서 휠체어를 밀고 교회로 가는 길에 지유가 입을 연다.

"엄마, 나 여기서 더 살고 싶어. 천국 가기 싫어."

'맙소사. 이럴 땐 뭐라고 말해야 할까?'

생각지도 못한 지유의 말에 멍하니 결국 아무 대답도 하지 못했다. 내가 청소할 동안 지유가 심심할까 봐 청소 수건을 하나 손에 쥐어 줬더니 휠체어에 앉아 손이 닿는 곳을 열심히도 닦는다. 마치 '하나님, 보세요! 저 이 땅에서 할 일이 아직 많아요. 저 아직 천국 가고 싶지 않아요.' 라는 듯.

오후에는 지유의 친할머니댁에 갔다. 길어진 투병 생활로 오랜만에 방문한 할머니 댁에서 옛날 생각에 엉엉 울고 말았다.

지유가 아닌 내가 말이다. 아이가 아프면서 나는 점점 더 어린아이처럼 우는 날이 많아졌고 그런 나를 지유는 왜 우냐고 묻지 않고, 마치 다 알고 있다는 듯 어른처럼 달래주곤 했다. 지유가 힘들어서 오래 머물지는 못하고 집으로 돌아가기 위해 올라탄 차 안에서 웬일로 지유가 할머니한테 다정하게 인사를 한다.

"할머니, 나 또 올게. 아프지마. 건강해야 해."

그 전에 하지 않았던 말들이다. 오늘 지유는 꼭 마지막을 준비한 것처럼 말하고 행동한다. 아직 천국에 가기 싫지만 가야만 하는 걸 아는 걸까? 내 눈물이 멈추지 않는다. 이번에도 말없이 내 눈물을 닦아준다.

"난 엄마만 있으면 돼. 난 엄마만 있으면 돼."

반복해서 말한다. 엄마만 있으면 되는, 엄마가 전부인 이제 겨우 아홉 살 내 딸 지유.

'하나님, 부디 이 아이와 함께 있게 해주세요. 제발요.'

지유가 천국에 가는 날, 다정한 인사를 건네고 싶다는 다짐과 다르게 속상한 마음이다.

행복의 그림자

온 가족이 집 근처 박물관 앞 공원으로 산책을 나왔다. 남편이 아이들과 놀아주는 사이 나는 보배 엄마에게 미뤄 뒀던 안부를 전했다. 보배 엄마가 답장을 보내왔다. 늘 응원한다는 말과 함께 작년 보배의 모습을 공유해 준다. 산소포화도가 떨어져 중환자실에 가기 직전 모습이라는 설명과 함께.

눈앞의 지유는 지금 이렇게 물놀이도 잘하고 이렇게 신나게 웃는데 곧 보배와 같은 모습으로 우리 곁을 떠난다니.. 믿기지 않고 믿고 싶지도 않은 일이다. 누군가 세차게 노크를 하며 마음의 문을 흔든다. 스스로 문을 열고 백기를 들지 않도록 빨리 마음을 다잡고 식구들 틈에 서서, 지유가 물풍선도 맞아주고 함께 깔깔거리며 신나게 웃었다. 이 순간이 지유에게 최고의 하루로 기억되기를, 우리에게 잊지 못할 선물이 되기를 바라며 최선을 다한다.

행복의 그림자가 길어진다.

버킷리스트

지유의 상태가 계속 좋아지고 우리 곁에 있기를 바라는 마음은 변함없지만 마지막을 위한 준비는 여전히 하고 있다. 버킷리스트를 하나씩 해 나가며 오늘은 그 중 하나인 지유와 바다에 가는 날이다.

'아픈 아이를 데리고 먼 길을 오고 가는 것이 욕심은 아닐까? 지유 상태가 더 안 좋아지면 어쩌지?'

정답이 없는 생각들이 마음을 어지럽힌다. 이럴 땐 지금 이 순간과 지유만 생각하면 한결 단순해진다.

아무도 없는 모래사장을 누비며 바닷바람에 슬픔을 날리고 파도에 걱정근심을 실어 보낸다. 철퍼덕 모래사장에 앉아 모래놀이를 하고 석양을 배경으로 가족사진도 찍는다. 사진 속 웃는 지유 얼굴을 마음에 담는다. 짧지만 즐거운 시간을 보내고 숙소로 돌아와 다 함께 부를 찬송을 고르기 위해 성경을 폈는데 91장 슬픈 마음 있는 사람이 선곡되었다. 슬픈 마음은 여전히 우리 마음속에 있지만 오늘 우리는 즐겁다. 즐겁기로 선택했다.

'예수의 이름은 세상의 소망이요.'

가사처럼 오직 예수님만이 우리를 구원하심을 믿는다.

구원으로 선택받은 우리.
구원의 사실이 지유를 통해 이 땅에 증거되길 소망한다.

2박 3일의 여행을 마치고 집으로 가는 차 안에서 여행이 힘들었는지 지유가 말한다.

"다시는 여행 안 갈래~."

"왜~ 그래도 즐거웠잖아~.^^"

대답할 용기

어젯밤에는 큰 소동이 있었다. 도와주려는 손을 뿌리쳐가며 안간힘을 써서라도 스스로 앉으려 하고 목청이 찢어져라 악을 질렀고 그러다 언제 그랬냐는 듯 고요해졌다.

'이게 섬망 증상이구나...'

얼마 전에 용기를 내서 보배 이야기를 했었다.

"보배 언니가 숨쉬기 어려울 때 모습이래."

전달받은 사진이나 영상을 보여주면서 최대한 있는 그대로의 사실을 전했었다. 잠잠해진 지유가 소변을 보려고 앉은 변기에서 문득 보배 생각이 났는지

"엄마, 언니는 왜 천국에 먼저 갔대?" 하고 묻는다.

"보배 언니?"

"응."

"그건 엄마도 잘 몰라. 하나님께서만 아셔."

"병원에 있었어? 집에 있었어?"

"집에 있었던 것 같아. 지유는 어디에 있고 싶어?"

"난... 집에 있고 싶어."

"그래. 그러자. 지유야."

어제 빈번히 왼쪽 눈을 비비더니 오늘은 눈이 많이 아프다고 한다.

"왜 이러지?"

눈을 들여다보니 빨갛게 충혈 되어 있다. 이상이 있는 건 아닌지 걱정이 된다. 눈이 아파서 눈을 뜨기 힘드니 눕혀 달라는 지유를 눕히고 그 옆에 누워있는데 지유가 또 묻는다.

"엄마! 나 천국 가면, 엄마는 어떻게 살아?"

이런 이야기를 하다니 놀라서 순간 눈물이 핑 돌았다.

"엄마가 잘 지냈으면 좋겠어? 못 지냈으면 좋겠어?"

"잘 지내야지. 나 없어도 꼭 잘 지내야 해."

"…"

대답하지 못했다.

하루에도 몇 번씩 다른 모습의 지유, 부쩍 엄마만 더 찾는 아이, 속상한 게 더 많아진 아이.

'이 아이 없이 내가 정말 잘 지낼 수 있을까?'

상상만 해도 두렵고 속상하다. 오늘은 도무지 대답할 용기가 나지 않는다.

'하나님, 저 정말 속상해요. 제 마음 아시지요?'

완벽한 하루

아직 쌀쌀한 날씨에 감기라도 걸릴까 집에만 있었는데 창밖을 보니 세상이 어느새 꽃빛으로 물들어 있다. 햇살도 꽤나 따뜻하다. 개나리, 벚꽃이 반기는 봄날. 오랜만에 집을 나선다. 집 앞 산책이 전부지만 나오길 참 잘 했다 싶다. 휠체어를 밀고 동네 산책을 하는데 지나가는 주민들이 응원을 해주신다. 지유의 참새 방앗간 문구점 사장님도 항상 반갑게 맞아주시고 지유가 더 좋아진 것 같다고 응원해 주시니 감사하다.

지유가 아프기 전에는 경험해 보지 못 한 것들을 새롭게 경험하고 있다. 내 딸 지유는 병마와 싸우며 하루하루 고통 속에 있지만 세상은 아름답다.

지나가는 바람을 향해 흐트러지는 꽃들이 인사하는 오늘,
이전에는 보지 못했던 아름다운 것들이 보이기 시작한 오늘,
따뜻한 햇살 아래 지유와의 산책하는 오늘,
오늘 하루가 완벽하다.

소원을 말해봐

"지유야, 교회 갈까?"

"응."

오늘도 새벽 3시에 깬 지유와 반신욕을 하고 잠이 오지 않는 지유와 TV를 보다가 시계를 보니 새벽 4시 20분.

늦게 잠든 남편은 두고 우리 둘만 데이트 겸 교회로 출발했다. 저 멀리서 얼굴을 내미는 해로 인해 하늘은 빛과 어둠의 무늬로 뒤덮여 아름다웠다. 새벽예배를 마치고 향한 체육공원에서 큰 트랙 라인을 도는데 지유가 소원을 말하기 시작한다.

"엄마, 나 걷고 싶어."

"그래, 우리 기도하자. 예수님 걷게 해주세요."

"엄마, 나 학교 가고 싶어. 천 번, 만 번, 만 천 번."

"그래, 우리 기도하자. 예수님 학교 만 천 번 가게 해주세요."

웬일인지 슬픔보다는 알 수 없는 평안함으로 웃으며 휠체어를 밀고 달렸다. 집으로 돌아와 지유를 안고 욕조에 들어갔다. 노곤노곤 피로가 밀려오는데 지유가 묻는다.

"엄마, 나 어른이 될 수 있을까?"

"지유는 어땠으면 좋겠는데?"

"안 컸으면 좋겠어."

"어? 그럼 천국에 가야 하잖아?"

"괜찮아. 엄마처럼 어른 돼서 해야 하는 거 하기 싫어."

평소 아기를 낳는 걸 무서워했던 지유다. 어른이 돼서 아기를 낳는 게 싫은가 보다. 나는 지유를 꼭 닮은 손녀를 안아보고 싶은데...

내 소원도, 지유 소원도 다 이뤄질 수 있으면 좋겠다.

그럴 수 없다면 지금 이 대화를 마음에 품어야겠다.

지유가 없는 자리를 채울 수 있도록.

오뚝기 정신으로

새벽 3시.

오늘도 어김없이 짜증을 내며 깬 지유.

어제는 잘 때 덥다면서 윗옷도 벗어 던지고 옆에 가면 가라고 밀어내기까지 했다. 아무래도 컨디션이 안 좋은 것 같다.

오전 6시.

잠투정만 3시간째다. 잠이 푹 들지 않는지 머리가 아프다. 답답하다며 힘들어한다. 스테로이드제를 완전히 끊은 게 바로 어제 일인데 약을 멈추자마자 바로 증상이 나타났다.

'지금까지 지유를 버티게 한 게 약이란 말인가?'

속상해할 틈도 없다.

"아파."

"어지러워."

시간이 갈수록 더 아프다면서 운다. 악을 쓰지도 않는다. 울기만 한다. 서럽게 울기만.

처음 겪는 일도 아니다. 여러 번 같은 상황을 겪었다.

일주일 전부터였을까? 극심하게 아파하다가도 금세 잠

잠해지기도 했고 서서히 잠이 늘어나기도 했다. 어제는 약을 끊고 하루 종일 유난히 피곤해하기도 했다. 그런데 이번에는 다르다. 직감으로 알 수 있다. 울음소리만 들어도 아이의 필요를 아는 게 엄마다. 얼마 전 미리 싸놓았던 짐을 챙겨서 병원으로 향했다. 병원에 갈 준비를 제법 척척 잘하는 나, 예전처럼 축쳐져서 잠만 자지 않고 재잘재잘 제법 떠드는 지유. 이제 병원 가는 길이 익숙하다.

지유가 아픈 후로 내 머릿속은 늘 혼란스럽다.

정답이 없는 투병의 길.
순간적인 내 선택이
설사 좋지 않은 결과를 가져온다 해도
결과를 덤덤히 받아들이는 것.
그것이 하나님이 우리에게 주신 가장 좋은 것임을 믿는 것.
내가 믿고 확신할 건 이것뿐이다.

포트 바늘 꽂을 때마다 몇 번이고 아픈지 묻던 지유인데 이젠 묻지도 않는다. 체념한 듯 간호사의 손에 자신의 몸을 맡길 뿐이다. 응급실에 도착하면 여러 가지 검사부터 한다.

오늘은 생각보다 빠르게 MRI도 찍는다. CT 결과가 좋지 않아서다. 종양이 더 자란 것 같다는 소견이다. 눈에 보이던 컨디션과 달리 보이지 않는 뇌의 상황은 많이 달랐다. MRI를 찍으러 들어가는 모습을 눈물이 고인 채 바라본다.

아이가 아픈 후로 나는 사람들에게 밝고 씩씩한 모습만 보이려 했다. 그래야만 할 것 같아서. 다 힘드니까.

틀린 것도 아니다. 괜찮기도 했으니까.

그래도 지유만큼이나 아프고 힘들고 슬프다고 누군가에게 털어놓고 싶은 순간이 있다.

바로 지금이 그렇다.

'슬프다'

정답 없는 인생길을 걷는 우리의 신음소리에도 응답하시는 주님을 신뢰하며 인생을 맡기고 악화하는 병변에도 불구하고 기적 같은 하루를 살았던 날들을 떠올리며 감사함으로 이겨내기로 마음을 고쳐먹는다. 그리고 다짐한다.

'다시, 일어서겠습니다'

죽고싶다고?

검사를 마치고 피곤했는지 곤히 잠든 지유.

그 옆에서 나도 깜빡 잠들었다. 잠결에 뭔가 축축해서 일어났더니 소변을 흥건히 싸놓았다.

시계를 보니 새벽 2시.

수액을 맞으니 잘 안 나오던 소변의 양이 다행히 늘었다. 간호사들이 다녀가고 소변이 마려워 깨기를 반복한다. 비몽사몽한 시간을 보내다 보면 아침 해가 밝는다. 그럼 신기하게 정신도 밝아 온다. 그렇게 병원에서의 하루가 시작된다.

덱사메타손을 다시 쓰기로 했다. 한 달여간 스테로이드제를 소량으로 줄이려고 애썼는데 허무하다.

덱사메타손은 무섭다. 지유를 괴롭히던 어지럼증, 두통, 식욕저하 등의 증상을 투약 즉시 이내 말끔하게 사라지게 한다. 덱사메타손을 의지하게 만드는 것이다. 몸속에 들어가 어떤 작용을 하는지 알 수 없는 약물이 지유를 살려낸다.

'무섭다. 내가 믿고 의지하는 것이 영원한 것이 아니라 잠깐 있다가 사라지는 거라면 어떡하지?' 덱사메타손에 지유는 속고 있다. 회복된 컨디션에 아프지 않다고 느껴져서인지 지루한 병원이 싫은 눈치다. 결국 폭발한다. 원하는 걸 사주지 않는다는 이유로 화를 내기 시작하고, 병실에 다른 사람들이 있다는 걸 생각했는지 큰 소리는 내지 않았지만 작은 소리로 절규한다.

"죽고 싶어... 죽고 싶어... 죽고 싶어..."

스스로 얼굴을 때리며 같은 말을 반복한다. 아홉 살 딸 입에서 죽고 싶다는 말이 나오다니. 믿고 싶지 않다. 아니 믿을 수가 없다. 이럴 땐 어떻게 해야 할까?

'나도... 죽고 싶다...'

생명은 오직 하나님께 있다. 지유가 투병 생활을 시작하면서 믿음의 고백으로 드렸던 기도.

어른인 척 지유를 달래고 타이를 때 입버릇처럼 했던 말이기도 하다. 그런데 덱사메타손에 속아 입술로 죄를 짓고 말았다. 믿음 앞에 나는 아직 지유 같은 어린아이다.

'하나님, 용서해주세요.'

내 마음이 서로 물어뜯고 할퀴다 진정되는 동안 지유도 한풀 꺾여 잠잠해졌다. 꼭 안아주니 내게 속삭인다.

"집에 가고 싶어."

마음으로는 벌써 짐을 챙겨 집으로 향하고 있지만 그럴 수 없는 현실이다.

죽고 싶다고 죽을 수도 없고,

집에 가고 싶다고 집에 갈 수도 없다.

맘대로 할 수 있는 일이 하나도 없을 때,

비로소 모든 것에 때가 있음을 깨닫는다.

숨 고르기

집에 가고 싶다는 마음이 지유를 잠들지 못하게 하는 밤이다. 한 시간쯤 자고 일어난 지유가 잠이 안 온다고 보챈다. 병실을 나와 9층 복도를 빙글빙글 돌다가 1층 로비까지 돌고 있는데 집에 가고 싶다고 울음을 터뜨리고 만다.

"엄마 미워. 나 두고 가버려. 나 혼자 있을 거야!"

말도 안 되는 소리를 하며 짜증을 낸다. 새벽 2시가 돼서야 지유에게 잠이 찾아왔다. 오랜만에 늦잠을 잤다. 스테로이드제를 다시 써서 속상하긴 하지만 기능이 더 상실하지 않은 지금의 지유의 모습을 보는 것이 얼마나 감사한지 모른다. 삼키는 기능도 회복돼서 이제 제법 간식도 찾는다. 실은 식욕을 증가시키는 부작용이다. 어쨌든 얼마 전까지 뭐라도 먹이고 싶었던 안타까운 마음을 생각하면 지유가 먹는 모습이 그저 보기에 참 좋다. 그래도 체중이 15KG나 증가하고 살이 다 트는 걸 경험하고 난 후라 조금이라도 살이 덜 찔 것 같은 간식으로 사오는 요령도 생겼다. 아프기 전에 빼빼 말랐던 지유의 얼굴이 보고 싶다. 지유의 예전 모습이 그립다는 생각을 했는데 지유도 그런가 보다.

수액걸이를 잡고 부축해서 간호사실까지 걸어서 다녀오는 길에 묻는다.

"엄마, 나 예전에는 간호사 언니들 좋아했지?"

맞다. 지유가 처음 입원했을 때 눈에 보이는 간호사마다 예쁘다고 좋다고 말했었다. 그때도 병실보다는 복도를 좋아했고 간호사실 데스크에 턱을 대고 서서는 언니들 구경한다면서 웃기도 하고 노래도 부르곤 했던 귀여운 지유다.

그때 모습이 떠올랐나 보다. 예전과는 다르게 웃음기 없는 얼굴로 간호사실 데스크에 얼굴을 댄다.

"나 너무 컸지?"

"응, 좀 컸어~."

뒷모습을 바라보니 마음이 짠하다.

오늘 이 시간도 언젠가 추억이 되겠지?

그 어느 순간도 소중하지 않은 시간이 없다.

롤러코스터

투병 기간 6개월을 채웠다.

여전히 롤러코스터 같은 하루하루를 보내고 있지만 처음 진단 받았을 때를 생각하면 지유가 오늘을 살아가고 있다는 것 자체가 기적이다.

철렁.

오늘 또 한 번 롤러코스터를 탔다. 무너지는 마음은 어떻게 할 수가 없다. 오전 회진 때였다. 앞으로 지유의 상태가 점점 나빠질 거라는 교수님의 말씀에 롤러코스터는 절망 속으로 한없이 내려갔다. 내가 할 수 있는 일은 아무것도 없다. 하나님만이 하실 수 있는 도대체 그 뜻이 어디에 있는지 알 수가 없다. 8알씩 3번으로 지유를 살렸던 약을 4알씩 3번 먹이기로 하고 퇴원을 결정했다. 하루 12알이나 먹어야 한다. 지유는 이제 약으로 버티게 된다. 그래도 병원에 있는 것보다 집에서 행복하게 지낼 수 있으니 다시 힘을 내본다.

집으로 돌아와서 가장 먼저 지유를 씻긴다. 병원에서 며칠 씻지 못한 지유.

힘없이 축 처진 자신을 부축해서 옮기는 모습이 힘들어

보였는지 말문을 연다.

"엄마, 내가 아파서 힘들지?"

"아니야, 괜찮아. 함께 있어 줘서 고마운 걸."

"엄마, 내가 계단에서 뛰어 내려올 때 어땠어?"

방과 후 학교 정문에 마중 나와 있는 나를 보고는 허겁지겁 실내화를 갈아 신고 달려오던 지유가 떠올랐다. 그때를 이야기하는 것이다.

"그때? 정말 사랑스럽고 귀엽고 깜찍했지~."

그때 누가 따라오는 것 같아서 막 뛴 거였다고 말해준다.

"정말? 엄마는 이제야 알았어. 왜 그때 이야기 안 했어?"

"엄마... 나 계단에서 뛰어 내려올 때 어땠어?"

묻는 말에 대답은 안 하고 같은 질문만 계속 한다. 갑자기 눈물이 터져 나온다. 이제 더 이상 참을 수 없다는 듯 펑펑 소리 내서 울고 말았다.

"엄마는 지유랑 더 살고 싶어. 엄마는 지유랑 더 있고 싶어. 그런데 지유야, 지금 지유 상태가 조금 안 좋아졌대. 힘들면 어떻게 하라고 했지?"

"기도."

"그래 맞아."

"엄마, 나도 엄마랑 더 같이 살고 싶어."

엉엉 우는 나와 다르게 지유는 담담하다. 나는 서럽게 울고 또 울었다. 지유가 물에 담근 손으로 내 눈을 닦아 준다. 고사리손으로 내 마음을 토닥인다. 눈물과 물이 내 눈 앞을 가린다. 그러자 현실이 보인다.

좋아질 거란 기대와 달리 나빠진 현실.

지금껏 경험해 보지 못한 6개월을 보냈다. 앞으로 또 어떤 일들이 기다리고 있을까?

당장 한치 앞도 장담할 수 없기에
현실의 눈이 아닌 믿음의 눈을 들어
주님을 바라보기로 다시 한 번 다짐한다.

버리기

지유는 요즘 부쩍 아기용품에 관심이 많다. 아기가 되는 것이 꿈이라는 지유.

엉뚱한 생각도 모자라 맞지도 않는 아기 식탁을 사달라 하니 난감하다. 소원이라고 하니 모른체할 수가 없어 아기 모자를 하나 샀다. 신생아용이라 당연히 안 맞겠지만 천으로 되어있으니 조금은 늘어나겠지 하는 바람으로.

정말 다행이다. 우스꽝스럽게 꽉 끼지만 머리에 쓸 수도 있고 끈으로 묶을 수도 있다. 턱받이도 해주고 다양한 모자도 씌어 본다. 정말 아기 같고 귀엽다. 너무 사랑스럽다. 너무 예뻐서 계속 뽀뽀를 해줬다.

"엄마, 나 없으면 누구랑 뽀뽀해? 엄마 나 없으면 누구 안고 잘 거야? 내 옷 안고 잘 거야? 하하."

"엄마, 나 먼저 가면.."

기분이 좋은지 웃으며 농담처럼 툭하고 던진 지유의 말이 내 눈물샘이 자극됐다.

"싫어. 엄마는 지유 없는 거 싫어. 엄마는 지유 없으면 뽀뽀해 줄 사람도 없고 안아 줄 사람도 없어."

"엄마는 지유 먼저 못 보내."

떼를 쓰면서 울고 있는 나, 그런 나를 지유가 어루만져 준다.

"엄마, 그냥 궁금해서 물어본 거야. 나도 엄마랑 더 있고 싶어."

방긋하고 넉넉한 미소를 보이는 지유.

투병 시간 동안 지유는 많은 시간 나보다 더 어른 같았다. 아직 믿음이 어린 나에게 하나님이 보내신 선물이다. 덱사메타손 8알로 지유는 그렇게 오늘도 버틴다. 이렇게 의젓하게 말하다가도 가끔 말도 안 되는 억지를 부리고 울며 화내기도 하지만 나는 지유가 있어 오늘도 버틴다.

지유야 고마워.

엄마는 지유가 있어서 행복해.

이 시간이 계속되길 기도해.

사랑해.

영원한 것을 향해

얼마 전 퇴원하면서 덱사메타손의 양이 늘었다. 조금이라도 약의 양을 줄이기 위해 외래진료를 받은 후 약을 처방받기로 했다. 기분 탓일까? MRI 결과가 좋지 않기 때문일까? 마음이 무거워 보이는 교수님은 약을 과감히 줄이라고도 하지 않는다. 아이 상황을 보고 3알로 줄였다가 다시 늘려야 할 때는 지금보다 더 많이 복용해야 한단다. 그것도 안 되면 다시 병원행.

그저 속상할 뿐이다. 남편이 약을 받아 주차장에서 차를 가지고 올 동안 지유와 산책을 했다. 봄바람이 불어 조금 쌀쌀 하지만 햇살이 따뜻한 날이다.

"지유야, 우리 빨리 헤어지면 어쩌지?"

또 마음 약한 소릴 하고 말았다.

"뭐가 걱정이야? 다시 만날 건데~."

이런, 이렇게 대답할 거라고는 예상도 못 했다. 그리고 예상치도 못한 질문을 한다.

"엄마, 나 안 아플 때는 옷 안 사주더니 지금은 왜 사주는 거야?"

"미안해. 엄마가 그때는 모든 것이 영원할 줄 알았어."

지유가 아프면서 필요한 것들을 아낌없이 사준다. 시간이 없다고 생각하니 없는 형편에 어떻게라도 사주게 된다. 지난 시간을 소중히 여겼더라면 미안한 마음이 덜했을 텐데, 또 미안하다.

영원한 건 없다. 아니, 영원한 건 있다.
지유와 내가 다시 만나게 될 곳
영원히 함께하게 될 곳
그곳, 천국.

사후기증

어제 저녁에 지유에게 처음으로 기증에 대한 이야기를 꺼냈었다.

'제발 하나님 뜻이 맞기를'

지유가 진단을 받고 뇌간교종이라는 병을 이해하기 위해 추천받은 책을 읽고(뇌간교종 이해하기 -출판사 꿈꿀자유) 기증으로 생명을 살리는 일에 동참하는 것이 과연 지유의 사명일지 의문을 가졌던 시간들이 있었다. 이제 지유의 뜻을 물어야 할 때가 된 것 같아 사후 기증에 대한 이야기를 꺼냈다. 지유에게 허락을 받아야 했고, 그러려면 지유도 알아야 했기 때문이다.

"내가 죽으면 내 머리로 실험할 거야? 하하하하!"

호탕하게 웃는 지유. 이것이 응답인지 하나님의 계획은 여전히 알 수 없으나 그분의 뜻에 순종하기로 마음 먹었다.

즉시, 기쁘게.

2인 3각

그제부터 잠을 잘 때 숨소리가 크다. 낮에도 가쁜 숨을 내쉴 때가 있어 걱정이 커진다. 아직 필요하지는 않지만 혹시 모를 응급 상황을 대비해 산소발생기와 산소포화도 측정기를 대여해 놓고 나니 그제야 마음이 놓인다.

다행히 산호포화도는 아직 괜찮다. 맥박은 조금 빠른 편, 맥박이 빠른 것도 병변에 영향이 있다고 하니 잘 지켜봐야 할 때다. 내 걱정과는 다르게 지유는 즐겁고 밝다. 화장실에 가려고 부축해서 일으키는데 찬양을 부른다.

"굳게 서리~ 영원하신 말씀 위에 굳게 서리~ 약속 믿고 굳게 서리~." 함께 부르며 신나게 화장실로 향한다.

'그래, 여호와 이레 주님이 다 예비하고 계실 텐데 걱정이 무슨 필요가 있겠어.'

"정의의 승리! 캡틴 아메리카!" 힘껏 외치며 동작을 따라 하는 지유의 모습이 너무 귀엽다. 나도 마음속으로 외쳐본다.

'승리의 주님! 우리 하나님!'
하나님과 발맞춰 결승전까지 가보자.

엄마의 자격

　낮잠을 자려는데 지유가 숨쉬기가 힘들다고 한다. 부랴부
랴 산소 포화도를 확인하니 수치가 '91' 낮은 수치를 보는
순간 미리 산소 발생기를 사용해 봐야겠다는 생각이 들었
다. 남편과 우왕좌왕, 티격태격하며 시도해 본다. 나의 실수
로 증류수가 역류하고 지유는 코로 물이 나와서 깜짝 놀란
다. 급히 수습하고 미안하다 사과하며 한바탕 울고 나니 포
화도가 '97'로 올랐다. 지유가 놀라서 숨을 쉰 건지 어쩐 일
인지는 몰라도 아무튼 해프닝으로 마무리됐다.

　엄마 자격증이 있다면 나는 통과할 수 있을까? 연습도 없
이 반복되는 투병 생활은 순간순간이 새롭다. 오늘 같은 일
이 반복된다면 낙제가 분명하다.

우리의 내일이 슬프지 만은 않은 이유

오늘도 종일 집안에 머무는 지유의 머릿속에는 먹고 싶은 것만 맴도는 것 같다. 사달라고 하는 음식을 사오느라 나와 남편의 외출은 더 잦아졌다. 특별한 일상은 아니지만 그래도 좋다. 잠을 자려는데 지유가 말한다.

"미안해."

"왜? 왜 지유가 미안해?"

놀라서 되물었는데 답이 없다. 서둘러 변명을 한다.

"아니야, 지유가 미안한 게 아니야. 엄마가 미안해. 예전에 잘해주지 못해서... 바빠서 기다리게만 했잖아. 지유야, 엄마가 미안해."

"아니야, 옛날이 더 행복했어. 늦어도 나한테 열심히 왔잖아. 괜찮아."

엄마 기다리다 울던 지유인데 괜찮다고 해주니 고맙다.

"지유야, 힘들어?"

"아니."

"엄마는 나 천국 가면 뭐하고 놀 거야?"

"놀지는 못하고 보고 싶어서 좀 울 것 같아."

오늘은 울지 않고 담담하게 대화를 나눈다. 예전에 나와 남편이 다퉜던 일도 기억해서 걱정해 주고 일곱 살 때 엄마 껌딱지였던 추억도 나누면서 이야기를 이어간다.

"그때 왜 그렇게 엄마 옆에 붙어 있었던 거야?"

" 무서워서. 엄마가 옆에 없으면 무서웠어."

이런 겁보가 이제 나 없이 머나먼 여행을 떠나게 될 거란다. 나보다 먼저 천국에 간단다. 그것도 곧.

눈먼 장님이 누구의 죄 때문에 아프게 된 것이냐 여쭐 때 예수님께서는 하나님 영광을 나타내시기 위함이라 하신 것처럼 우리에게 벌어진 이 일도 분명히 이유가 있을 텐데, 아직은 이해가 되지 않는다. 이해가 된다면 거짓말이다.

"엄마, 나 천국 가면 집에 와서 살고 있어도 돼?"

"그럼 당연하지. 어떻게 올 거야? 영혼으로 올 거야?"

"응, 영혼으로."

지금 일어나고 있는 일도 이해할 수 없는데 나중 일은 더 알 수가 없다. 그런데 지유는 알고 있는 것 같다. 천국에 가게 될 자신의 다가올 미래를 말이다.

혼자 오기 무서우면 예수님과 함께 온단다.

영혼으로 와서 '엄마'하고 불렀는데 안 보면 삐칠 거란다.

이마에 엄마라고 글씨도 써준단다.

몰래 설거지도 할 거란다.

귀에 '사랑해' 하고 속삭여 준단다.

밥도 매일 해달란다.

"근데.. 엄마, 나 무서워."

이 아이를 어떻게 혼자 보내지?

이 아이를 보내놓고 나는 어떻게 살지?'

웃으면서 이야기를 나누는데 문득 지유의 목소리를 못 듣게 되는 날이 예고 없이 급하게 찾아올까 봐 겁이 난다.

그럼에도 불구하고 천국 소망이 있기에 우리의 내일을 슬프게만 두지 않는다.

일상의 힘

퇴원 후 덱사메타손 3알을 먹으며 상태를 유지 중인 지유는 체중이 급격히 늘어가는 것만 빼면 대체로 양호하다.

'이대로라면 약을 줄여도 되지 않을까?'

지유가 부디 잘 견뎌주길 바라는 마음으로 어제부터 약의 양을 2알로 줄였다. 힘이 빠진 지유의 몸이 무겁다. 역시 덱사메타손 1알의 힘은 무섭다. 다행히 의식이나 컨디션은 크게 다르지 않아서 2알로 유지해보기로 한다. 눈을 깜빡거리는 현상은 여전히 심하고 가끔 침도 흘린다. 눈에 보이는 증상만 보면 오히려 약을 늘려야 맞을 수도 있다. 상태가 악화되면 더 많은 양을 복용해야겠지만 지금 나의 선택은 눈에 보이지 않는 것을 믿는 것이다.

"우리 나갈까?"

여러 번 묻는데 싫다고 한다.

옷 입기도 귀찮고, 힘들단다. 심심해하는 지유를 위해 둘째 오빠 성연이가 점토 놀이를 해준다. 지유가 깔깔 소리 내서 웃는다.

특유의 시크함으로 씩하고 웃어 보이는 지유.

어눌하지만 조잘조잘 말하는 지유.

혼자 힘으로 앉아 있을 수 있는 지유.

아프지 않은 일상 같다.

평범한 일상이 축복임을 알게 된

지난 시간들이 스쳐 지나간다.

맥박이 140으로 높지만 그럼에도 불구하고

우리에게 이 순간은 참으로 평범한 일상이다.

오늘은 이렇게 우리만의 평범한

보통의 일상으로 마무리한다.

오늘이 가장 좋은 날

　병변이 커졌다는 소견을 듣고 퇴원을 한 지 2주가 지났다. 새벽에 두어번 잠에서 깨는 일은 이미 익숙하다. 산소포화도와 맥박 수치를 확인하고 심각할 정도는 아니라 안심한다.

　오늘은 외래가 있는 날.

　익숙함에 속아 놓치고 있던 현실과 마주했다.

　"지유가 숨 쉬는 걸 점점 힘들어하는 것 같아요."

　"이제 조금씩 준비 하셔야 합니다."

　괜찮다고, 잘 버티고 있다고, 잘했다고, 다행이라고 늘 말하던 교수님이 평소와 다른 말을 하신다. 처음으로 지금이 아닌 나중에 대한 대화를 이어갔다. 나빠질 것에 대해, 그러니까 마지막을 대비를 해야 할 때가 온 거다.

　병원에 있을 것인지, 집에 있을 것인지에 대해 시간을 다투는 응급상황일 때 가야 할 집 근처 병원에 대해 기증에 대해 담담하게 이야기를 나누고 있는 이 현실이 현실 같지 않다. 기증을 결단하고 가까운 병원에 가져갈 소견서와 기록지를 챙겨 집으로 돌아오며 다짐한다.

오늘이 마지막인 것처럼 지유에게 잘해주자,

오늘이 우리에게 가장 좋은 날이다.

1+1+1

"지유야, 오늘 하고 싶은 거 있어?"

하루하루 최선을 다하기로 다짐하고 지유의 말에 더 귀를 기울였다. 사실 해줄 수 있는 건 없다. 지유의 가지고 싶은 욕구와 먹고 싶은 욕구를 채우며 하루하루를 보낸게 전부다. 인형과 옷이 사고 싶다는 지유와 마트로 향한다.

예쁜 여름 원피스를 고르는 지유.

요즘 덥다고 벗고만 있었는데 옷이 맘에 들었나 보다. 머리띠도 해본다. 거울을 보여주는데 거울에 비친 자신의 모습이 싫은지 머리띠를 벗어 버린다. 급격하게 불어난 몸, 짧은 머리카락, 깜빡이는 눈, 요즘 자신을 향해 못생겼다는 말을 종종 한다.

"아니야, 지유가 세상에서 제일 예뻐!"

지유가 아픈 후 매일 저녁이면 가정 예배를 드리기 시작했다. 지유가 힘들어하면 찬양을 부르다가도 바로 눕혀야 하고 지유가 웃긴 말을 하면 말씀을 읽다가 웃음도 터져버리기 부지기수라 경건과는 거리가 멀지만 그렇지만 내 눈에 지유가 제일 예쁜 것처럼 하나님도 우리의 이 모습마저 사랑스럽게 바라봐 주실 거라 믿는다.

　지유에게 연하곤란 증세가 나타나고 있다. 음식물을 삼키기도, 물을 삼키기도 어려워하고 사래도 자주 들린다. 그동안 미뤄왔던 아바스틴 약물을 써보기로 했다.

　지유는 항암제의 일종인 아바스틴을 치료제가 아닌 덱사메타손 대체물로 2주에 한 번 투여한다. 삼키지 못하는 지유에게 더 이상 약을 먹이기는 어려울 것 같아 이틀 후 입원할 계획을 세웠다. 덱사메타손도 무섭지만 아바스틴은 더무섭다. 부작용이 나타나면 즉각적인 뇌출혈, 더 이상의 치료는 없는 것이다. 어쩌면 마지막이 될 수 있는 선택의 시간이다. 아바스틴을 쓰고 바로 나빠지면 후회하지 않기 위해 남편과 나는 그 어느 때 보다 신중한 선택을 했다. 고통스러워하는 아이를 보며 남편은 아바스틴 투약을 선택했다. 이 선택을 존중하며 나는 기도한다. 부부의 의견이 안 맞으면 아무것도 할 수 없다. 이 선택이 바라는 결과를 가져오지 않는다 해도 서로를 탓하지 않기를 기도한다.

　지유를 통해 가정의 하나 됨을 배우고 있다.

*덱타메타손: 항염증과 면역억제 효과를 가지고 있는 강한 스테로이제다. 수면장애, 기분변화, 소화불량, 체중증가 등의 부작용이 있다.

*아바스틴: 항암치료제의 일종으로 혈관의 특정 단백질을 억제하여 종양의 생성을 막아준다. 구토, 설사, 복통 등의 부작용이 있다.

200일 기념 입원

투병 200일째.

다른 기념일도 아니고 투병 날짜가 차곡차곡 채워지는 게 그리 반갑지 않다. 게다가 재입원이라니.

그동안의 입원과 다른 입원이다. 마음가짐도 새롭다. 새로운 각오가 필요했다. 병실도 1인실로 신청했다. 입원을 끔찍이도 싫어하는 지유를 위해서다. 상태가 더 악화될 수 있으니 조금이라도 편히 소리라도 지를 수 있도록 독립된 공간에서 체중이 더 불어난 지유가 좀 더 편히 나의 케어를 받을 수 있도록 말이다. 마음대로 채널을 돌릴 수도 있고 먹을 것도 바로 꺼내고 화장실도 빠르게 갈 수 있으니 여러모로 나도 마음이 좋다.

기분 좋게 신청을 하려는 찰나 물질이라는 현실 앞에 멈칫했다. 좋은 건 좋은 거고 형편에 맞게 1인실은 딱 하루만 있기로 했다. 내일은 다시 3인실로 가야 한다. 이것도 여러 도움의 손길이 없었으면 불가능한 일이었다.(CTS '예수사랑여기에', 00초등학교, 교회 등에서 받은 후원금으로 투병생활 동안 우리의 형편에 과분한 생활을 할 수 있었다.)

3인실도 꽤 널찍하다. 우선 침대를 낮게 할 수 있어서 지유가 좋아하는 병실이기도 하다. 쉽게 빈자리가 나오지 않는 병실이지만 한 번 입실하면 장기간 있을 수 있으니 그것도 장점이다. 입원과 동시에 덱사메타손을 24알이나 주입했다. 지유가 바로 살아난다. 삼키기 곤란한 증상들도 조금씩 호전됐다.

이 약이 치료제면 얼마나 좋을까?
이렇게 지유가 건강을 회복하면 얼마나 좋을까?
하나님이 하시면 능히 하실 일이지만
기적은 오늘도 일어나지 않는다.
알 수 없는 그분의 뜻 가운데 오늘을 살아갈 뿐이다.

우리에게 치료제는
하나님의 손길이 유일함을 고백하는 것으로
위로를 삼는다.

아버지, 함께 아파하고 계시지요?
지유가 많이 아파해요.
저도 많이 아파요.
살려주세요

3부

너는
찬란한 봄이었다.

희망고문은 하지 않기로 했다.

1인실에서 첫날밤을 무사히 보냈다. 모처럼 새벽 4시까지 깨지 않고 잤으니 휴가를 온 것 같다. 컨디션이 괜찮다고 느꼈는지 지유는 역시나 집에 가고 싶어 한다.

"집에 언제 가?"

"엄마도 몰라."

원래라면 조금만 있다가 가자하고 타이르고 퇴원을 서둘렀을 것이다. 그런데 이번에는 조금 다른 대답을 했다.

사실이니까.

지유가 아픈 후로 사실을 숨기거나 대충 둘러대는 말을 한 적이 없다. 아이가 다 이해하지 못한다 해도, 아파하고 슬퍼한다 해도, 있는 그대로를 설명하려고 했다. 지유 스스로 나을 거란 기대를 하지 않는 것도 천국에 갈 거란 사실을 담담히 받아들인 것도 지금까지 희망고문이 없었기 때문일지 모른다.

휴가라고 느껴질 만큼 특실이 아무리 좋아도 다섯 식구 복닥대는 우리 집이 최고다. 영원히 함께하고 싶을 만큼 이 땅이 아무리 좋아도 천국이 최고다.

그곳,

천국으로 보낼 딸과

오늘도 이렇게 우리는

우리만의 방법으로 이별 중이다.

흔들리는 마음

입원 3일째.

지유는 스테로이드제 덱사메타손 24알을 주사로 투여하며 견디고 있습니다. 연하곤란(삼키는 기능에 이상)이 오고 있습니다. 약을 많이 먹는데도 크게 호전되고 있지는 않고 조금 불편하게 삼키기는. 해도 아예 못 먹는 상태는 아닙니다. 하지만 여전히 입으로 먹을 수 있음에 감사합니다. 어제 찍은 CT 결과에서는 4월 초 MRI 보다 커졌다는 소견이 있습니다. 뇌출혈 부작용이 있을 수 있으나 붓기에 도움이 된다는 아바스틴을 쓰려는 와중 현재 종양 안에 출혈이 조금 보이고 있어 출혈시점 확인을 위해 MRI를 찍고 약물 사용 여부를 정한다고 합니다. 화요일쯤 MRI를 찍을 예정입니다. 좋지 않은 상황에 놓여 있지만 기도해 주시니 견딜 수 있고 힘이 납니다.

감사합니다. (카카오톡으로 보낸 기도요청 글)

투병 후 지인들에게 지유 상황을 알리고 기도를 부탁해 오고 있다. 그러면서도 무의식에서 '기적은 없겠지?' 하고 단정짓고 있는지도 모르겠다. 굳게 붙들고 있던 믿음이 흔들릴 때면 지유 손을 놓는 것만 같아서 지유에게 미안하다.

아버지, 부디 아버지 영광을 나타내 주시옵소서.
많은 이들이 지유를 위해서 기도하고 있습니다.
완전히 치료하시는 기적을 베풀어 주시면 안 될까요?
지유의 회복으로 하나님께서 살아계심을
나타내 주시면 안 될까요?
아니라면.
제 마음을 바꿔주세요.
예수님의 옷자락 만지던 그녀의 믿음이
제게 있기를 원합니다.

흔들리는 믿음을 진정시키는 방법은 역시 기도뿐이다.

선택 맡기기

이른 새벽.

병원 9층 휴게실에서 오랜만에 지유와 함께 기도를 한다. 낙심 가운데 기도할 수 있음이 축복임을 고백하며 하루를 시작한다.

오전 회진이 시작됐다. 종양 안에 출혈이 보이니 MRI를 찍을지, 말지, 병원에 있을지, 집으로 갈지, 온통 답은 없고 선택만 기다리고 있다. 나빠지기 시작하면 우리의 선택은 의미가 없다. 어떤 상황에도 우리의 의지가 아닌 하나님께서 결정하신 순간이라고 믿을 뿐이다.

힘든 마음을 오늘도 지유를 통해 위로 받는다.

"엄마, 왜 딸을 하나밖에 안 낳았어?"

"그건, 엄마한텐 지금이나, 나중에나, 영원토록 엄마 딸은 지유뿐이라서. 엄마는 지유만 사랑해."

"엄마! 나도 사랑해! 엄마! 내 옆에 있어줘!"

지유를 통해 사랑이 멀리 있지 않음을 깨닫는다. 예전에 엄마를 보낼 때가 떠올랐다. 그때 나는 하나님의 사랑을 몰랐다. 외롭게 자란 나에게 엄마까지 없으니 세상이 날 버린 것 같아 죽을 만큼 힘들었다. 우울증에 걸릴 수밖에 없었다고 그때의 나를 위로해주고 싶다.

지금 나는 다시 이별을 하고 있다. 원망으로 가득했던 엄마를 보낼 때와는 다르다. 나를 먼저 채워주신 그 사랑으로 지유와 사랑하고 있다. 그래서 괜찮고 괜찮을 거다.

이 땅에서 지유와 더 이상 함께하지 못한다해도
천국에서 다시 만날 날을 손꼽아 기다리며
오직 하나뿐인 내 딸 지유를 사랑할 것이다.

보통의 아이

MRI를 찍기 위해 금식을 하고 검사 시간인 11시 40분까지 버티는 게 쉽지 않다. 새벽 6시 30분쯤 지유를 깨우고 아이가 잠들지 않도록 해야 한다. 마취를 하는 게 아니라 수면 약물을 사용하기 때문에 약물의 용량의 최대한 줄이기 위해서다. 5시간 동안이나 졸리고 배고픈 상황을 견뎌야 한다. 편의점도 가고 병원 복도도 돌며 이것저것 할 수 있는 건 다 해보지만 이때만큼은 시간이 느리게 흐른다.

지유의 투병 후 모든 순간에 시간을 확인하는 버릇이 생겼다. 시간은 지유의 컨디션에 따라 1초가 영원처럼 느껴지기도, 하루가 한 시간처럼 느껴지기도 한다. 시시각각 변하는 지유의 감정이 어디로 어떻게 튈지 몰라 촌각을 다투는 내 마음과 달리 세상에서 가장 긴 5시간을 보내야 했다. 결국 일이 벌어졌다. 검사 시간 한 시간 정도를 남겨 두고 지유가 휠체어에서 그만 잠이 들고 말았다. 짜증을 내고 또 내다 제풀에 지쳐 잠든 아이가 안쓰럽지만 휠체어에 그대로 둔 채 긴 인형으로 목만 지탱해준다. 불편한지 10분 만에 깬 지유가 또 짜증을 낸다. 그래도 이제 한 시간 정도 남았다고 하니 군소리 없이 가만히 있는다.

검사실로 들어갈 때는 함께할 수 없다. 문이 굳게 닫히면 지유를 위해 내가 할 수 있는 일은 기도뿐이다. 안쓰러워 마음을 동동거리며 기도를 한다. 연수 부분의 종양 때문에 마취 후 자가 호흡을 못 할 수 있다는 염려가 늘 따른다. 그럼에도 지유는 늘 깨어났다. 오늘도 지유는 깨어났다. 다만 산소포화도가 떨어져 산소를 끼우고 지유가 잠에서 깨어나기를 15분 정도 기다려야 했다.

부쩍 불편해진 무릎과 발목 부위의 엑스레이도 찍어보기로 했다. 잠에서 깨 컨디션을 유지하고 있는 지유를 데리고 엑스레이를 찍고 오니 박현진 교수님(국립암센터 소아청소년암센터 센터장)께서 MRI 결과를 들고 기다리고 계셨다. MRI 결과는 좋지 않다. 한 달 사이 지유의 병변이 눈에 띄게 하얗게 모두 변해버렸다. 처음 발견했을 때보다 종양의 크기가 커지고 소뇌로도 번졌다. 어느 정도 예측은 하고 있었지만 막상 눈으로 확인하고 나니 MRI 속 지유의 머릿속처럼 내 머릿속도 하얗게 변해가는 것 같았다.

'이래서 요즘 지유 컨디션이 안 좋았구나.'

애써 외면해왔던 지유의 상태를 눈으로 보고서야 받아들일 수 있었다. 이렇게 많은 종양에도 크게 악화되지 않았음에 감사해 보기도 했다. 그럼에도 불구하고 지금부터 마지막을 준비해야 한다. 이제 일주일 후가 어떻게 될지 모를 일이다. 그렇게 생각하니 지유와 하고픈 것이 더 많아졌다.

힘든 투병 생활을 견딜 수 있었던 이유 중 하나가 꺼내 볼 수 있는 추억이 조각조각 많아서였다. 그래서 계속 추억을 만들었다. 아픈 아이를 데리고 외출을 하고, 사람들을 만나고, 어떤 날은 끊임없이 대화를 하며 추억을 기억하고, 또 그렇게 새로운 추억을 쌓고 쌓아갔다. 아무것도 하지 않고 간병만 했다면 꺼내 볼 추억이 없어 슬픔만 더했을 것 같다.

지유가 힘들어할 때도 있었고 경제적으로 부담스러울 때도 있었지만 다시 생각해도 참 잘했다고 생각한다.

지유가
여느 아이들과 같이 건강한 보통의 아이였더라면
추억을 쌓을 수 있는 시간이 더 허락되었더라면
더 없이 좋겠다.

*연수: 뇌와 척수를 이어주는 기관으로 호흡을 제어하며 숨뇌, 숨골이라고도 부른다.

반갑지 않은 손님

약의 부작용이 나타나면 즉시 악화될 수 있어 고민하던 항암제의 일종인 아바스틴을 처음으로 사용하는 날이다. 사용하기에 앞서 동의서를 작성했다. 그리고 여러 가지 부작용과 주사를 투여한 후의 관리 등에 대한 안내를 듣는다. 신경 쓸게 한 두 가지가 아니다.

'제발. 부작용만 없어라.'

부작용이 무섭지만 더 이상 미룰 수 없어 결정한 것이니 이것이 최선이다 믿을 수밖에 없다. 약물 투약 전에 체크해야 될 일도 많다. 무엇보다 혈압을 높여 뇌출혈을 일으킬 수도 있기에 혈압수치가 중요하다. 조금이라도 높게 나오면 반복해서 확인이 필요하다. 몇 번의 시도 끝에 다행히 통과할 만한 수치가 나와 약물 투여를 진행했다.

긴장되는 순간이다. 천천히 두 시간 가량 주사기를 통해 아바스틴을 투여한다. 머리가 아프다던가, 속이 울렁인다던가 하는 즉시 나타나는 부작용 반응은 없었다. 배고픔 때문인지 약물 때문인지 짜증을 내다 화를 내긴 했지만 아바스틴 약물 투여는 무사히 통과했다. 아무 탈 없이 끝났다는 생각에 긴장이 풀린다. 애간장 끓이던 순간도 함께 녹아 사라진다.

반갑지 않은 손님을 맞이해야 했지만 오늘 하루가 그저 감사하다. 감사로 마무리할 수 있는 하루가 또 감사하다.

감사합니다, 하나님!
고마워, 지유야!

아홉 살 꼬마 신부

'이제 마지막을 위한 진짜 시작인가? 무사히 집으로 돌아갈 수 있을까?'

입원할 때부터 초조했던 마음을 뒤로하고 퇴원을 하기로 했다. 다시는 없을 수도 있었던 지유와 함께 다시 집으로 돌아가는 일이 선물같다. 지유에게 내일이 보장되지 않는다는 걸 알기에 하루를 마지막처럼 살기로 다짐한다. 퇴원 수속을 마치고 집으로 가는 길에 며칠 전부터 하기로 했던 가족 웨딩사진을 찍기 위해 스튜디오로 향했다.

조금 일찍 도착해서 대기하느라 지유는 조금 지쳐 보였지만 오늘이 아니면 안 될 것 같아 지유를 설득하고 메이크업을 받고 있는데 남편이 꼭 해야겠냐고 걱정 섞인 타박을 한다.

"지유야, 엄마 어때? 예뻐? 이왕 왔으니까 엄마랑 예쁘게 찍고 가자? 응?"

그래도 해야 할 것 같아서, 안 하면 후회할 것 같아서 지유를 향해 애교도 부려본다. 그런 엄마가 안쓰러웠는지 지유가 알겠다고 해준다. 지유가 괜찮다고 하니 남편도 그제야 안심한다. 긴 기다림으로 지루하고 힘들었던 준비 시간을 보내고 막상 촬영이 시작되니 열정적인 사진작가님 덕분에 많이 웃고 즐겁게 촬영을 할 수 있었다. 그저 그 순간이 너무 행복했다.

플래시가 터지고 웃음소리가 터져 나온다. 현실에서는 할 수 없는 여러 컨셉의 주인공이 된 우리.

지금 이 순간만큼은 아픔도 없다.

사실은 며칠 전에 영정사진을 준비해야 한다는 생각에 스튜디오에 연락을 했었다. 그런데 이렇게 가족웨딩사진까지 촬영할 수 있게 된 거다.

'지유가 천국의 신랑 되신 예수님의 신부로 간다면 이처럼 아름답겠지요?'

이 땅에서의 시간을 마치고 무사히 천국에 입성하는 지유를 그려본다. 집으로 돌아가는 마음이 가볍다.

다시 돌아갈 곳
영원한 집
천국이 있어 정말 다행이다.

비빌 언덕

"엄마, 나 낫고 싶어. 언제쯤 나을까?"

지유가 불쑥 낫고 싶다고 말한다. 지유가 붙잡은 희망의 끈이 기적을 낳는다면 얼마나 좋을까? 안쓰러움이 크다. 희망은 분명 좋은 것인데, 미안하다. 겨우 움직일 수 있는 지유의 왼쪽 손을 가슴 앞으로 끌어와 한쪽 손은 내가 붙잡고 기도손을 만들었다.

"기도할까?"

지유의 질문에 내 대답은 기도다. 이럴 때 기도할 수 있는 것이 얼마나 큰 축복인지 모른다. 그리고 얼마나 큰 비빌언덕인지 모른다. 아이의 질문에 믿음이 없다면 대체 뭐라고 대답한단 말인가. 생각만 해도 아찔하다. 지유와 손을 맞잡고 간절하게 기도한다.

"하나님! 지유가 걷고 싶다고 합니다. 지유는 하나님의 자녀입니다. 낫게 하시는 것은 하나님이십니다. 지유가 낫고 싶습니다. 도와주세요! 예수님의 이름으로 기도 드립니다. 아멘."

외출을 못 할 정도로 몸이 무겁고 표정은 힘들어 보이지만 오늘 하루도 비빌언덕이 있어 버틴다.

사랑스런 욕망

오늘은 지유의 음성을 기록하기로 했다.

"지유야, 건강해지면 젤 먼저 뭐하고 싶어?"

"예쁘게 다니고 싶어. 그리고 가방이랑 학용품 다~ 사고 싶어. 나, 그럼 다 낫고 쓸 물건 미리 사놔도 돼?"

"그리고 엄마랑 아빠, 오빠들이 갖고 싶은 거 사주고 싶어. 내가 그동안 잘 못 해줬잖아."

사랑 많고 따뜻한 지유의 마음에 감동이 밀려온다. 즐거운 상상을 하는 지유의 말투에서, 얼굴 표정에서 행복이 묻어난다. 한참을 상상 속에 행복한 시간을 보내다가 현실 속으로 돌아 온 지유가 묻는다.

"근데, 난 왜 이 병에 걸린 거야?"

"음... 글쎄... 사실 엄마도 잘 몰라."

사실이다. 나도 하나님께 묻고 싶다.

'대체 왜 내 딸 지유가 이 몹쓸 병이 걸려야만 했냐고... 왜하필 지유여야 하는지, 왜 하필 뇌간교종이여야 했는지 그이유를 알고 싶다고.' 따져 묻고 싶을 때도 많았다.

그럴 때마다 하나님은 은혜를 깨닫게 하셨다. 하나님은

어떠한 상황에서도 영광 받으셔야 한다. 그리고 나의 입술을 통해 고백받길 원하신다.

"지유야, 하나님이 지유를 통해 영광 받기 원하시나봐. 지유가 힘든 이 상황을 이겨낼 수 있기 때문에 하나님이 이 병을 지유에게 허락하신 거야."

말없이 고개를 끄덕이는 지유를 통해
하나님은 이미 영광 받으셨음을 고백한다.

믿음이 없이는

지유가 책가방을 사고 싶다고 조른다. 피곤하니 다음에 가자고 해도 지유가 계속 보챈다. 이럴 땐 지유가 하자는 대로 하는 게 가장 좋다. 차에 탄 지유가 기분이 좋은지 재잘재잘 이야기를 한다.

"엄마, 나는 소원이 있어."

"뭔데?"

"예쁜 모자를 쓰고 예쁜 옷을 입고 롱보드를 타고 싶어. 머리도 배꼽까지 길어서 파마도 하고 싶어."

"그래?"

"응, 그런데 나 언제 나아? 나 안 나으면 어떡해? 응? 그럼 안녕~. 빠빠이 하는 거야? 나 여기서 살고 싶은데...엄마... 나 여기서 살고 싶어..."

한바탕 눈물을 쏟고 만다.

시간이 흐를수록 지유가 '살고 싶다.'는 말을 많이 한다. 아이의 이 간절한 외침에 해 줄 수 있는 게 아무것도 없다.

어떡해...

어떡해...

이 아이와 이별할 수 있을까.

믿음이 없이는 받아 들일 수 없는 현실이다.

누구의 잘못도 아니야

투병 8개월 차에 들어선다.

그동안 참 많은 일들이 있었다. 돌아보면 그저 하나님이 다 하셨다고 고백할 수밖에 없는 시간들이다. 하나님이 함께 하신다는 확신을 기록으로 남기고 있음에 감사할 뿐이다. 오늘 하루도 잘 보냈다 생각하고 있는데 잠자리에 누우며 지유가 질문 세례를 퍼붓는다.

"나 언제 나아?"

"언제 나을 수 있을까?"

"아무래도 내가 이 병에 걸린 건 내가 잘못을 많이 해서인 것 같아."

어눌해진 말투 때문에 아이의 말을 못 알아들을 때가 많은 요즘이지만 너무 선명하게 들린 지유의 목소리에 깜짝 놀랐다.

"지유야, 아니야! 죄 때문이 아니야!"

놀란 마음에 아니라고 다그치고 말았다. 투병 생활이 길어진 만큼 지유의 상태는 좋지 않다.

어눌한 말투, 흐릿한 표정, 힘없이 축 늘어진 몸.
그럴수록 지유의 소망은 더 선명해진다.

하나님.

다 보고 듣고 계시지요? 지유가 살고 싶어 해요.

살려주세요. 네?

<지유의 기도>

하나님!

오늘도 지유의 소원이 있어요~

꼭 들어 주세요~

흰색 원피스 입고 양갈래 머리하고

사진도 찍고 놀러 다니고 싶어요!

우리의 기도를 들으시는 하나님!

하나님 뜻이 이루어지기를

간절히 기도합니다.

하나님!

예수님!

성령님!

사랑합니다!

꿈쟁이 요셉처럼

몸은 점점 더 지쳐 보이고 침도 잘 흘린다. 혀의 둔함으로 말도 점점 어눌하다. 오늘은 지유가 포기하고 싶다는 말을 한다.

"내 인생은 이제 끝났어. 되돌려 놔..."

그동안 지유도 나름대로 나을 수 있을 거란 기대로 하루하루 버텨왔던 거다. 희망이 있었던 거다. 그런데 하루가 다르게 눈에 보이는 증상들이 좋지 않으니 좌절이 포기를 만들었다. 낫지 않는 게 많이 속상한가 보다.

이럴수록 난 더 강해져야 한다.

"지유야! 지금 이렇게 아빠 엄마 오빠들이랑 함께 있는 게 기적이야!"

"우리에게 포기란 없어!"

그리하지 아니하실지라도 근심 걱정하지 말자고 이야기도 해준다. 꿈쟁이 요셉 노래도 부른다.

"하나님이 함께 하시죠~♬"

기쁜 마음으로!

천국만 바라보며!

우리는 꼭 다시 만날 것이다.

그것만이 우리의 희망이다.

"힘든 건 잠깐이야. 천국에서 만나야 하는 거야! 알겠지? 잊.지.마!"

아홉 살 아이가 알아들을 수나 있을지, 생각으로는 이해하기 힘든 말을 전한다. 지유는 힘들다고만 한다.

"나 너무 힘들어. 약도 너무 싫어. 사고 싶은 것도 너무 많아! 그런데 내 맘대로 할 수 있는 게 아무것도 없잖아!"

광야의 이스라엘 백성처럼 지유의 입에서 불평 불만이 터져 나온다.

"지유야, 힘든 거 다 하나님 만나면 전부 다 이야기 해 알았지?"

"알았어."

알겠다고 한 뒤 꿈쟁이 요셉 노래 반주에 맞춰 춤을 춘다.

알 수 없는 지유의 마음,
알고 싶은 하나님의 마음.
지금 할 수 있는 일은
바랄 수 없는 중에
바라고 믿는 믿음 뿐이다.

사후에 일어날 일

　병원에서 기증 절차와 동의서 샘플을 전달 해 주었다. 하나님의 자녀니 당연하게 생명을 살리는데 동참하겠다고 할 수 있었지만 의료진들도 경험하지 못한 기증의 절차와 여러 가지 오해의 소지를 설명으로 듣고 사후의 일이기 때문에 종양을 떼어낸 후 봉합이 잘 되지 않아 변형이 된다고 하니 머리를 한 대 맞은 듯 멍하다.

　'하나님의 뜻이라면 하겠습니다.'

　담대한 고백과 달리 속상한 마음에 울고 만다.
　'아버지, 하나님 아버지 너무 속상해요.'

아직은

며칠 전부터 지유가 이가 아프다는 지유를 위해 치과 진료를 예약했다. 잇몸에 한 눈에 보기에도 큰 구멍이 있다. 구멍을 메꿀 방법이 없으니 입원을 권유하셨다. 잇몸이 나으려면 안 먹어야 한단다. 점점 먹는 속도도 느려지고 있으니 콧줄도 고려해 보라는 말에 아직 그러고 싶지 않다고 말씀드렸다.

"아직요. 아직 지유가 먹고 싶어 하는 게 많아요. 그리고 아직 삼킬 수 있으니 아직은 그러고 싶지 않아요."

아직... 아직은... 이대로가 좋다.

결국 입원해서 치아 관리를 하면서 상태 경과를 본 후 아바스틴을 맞기로 했다. 입원을 위해 서둘러 코로나 검사를 하고 입원까지 3시간 남은 시간을 어떻게 할까 고민하는데 배고프다는 지유의 말이 그 어느 때보다 반가워 우리는 바로 병원 식당으로 향한다.

방문자 수기 작성을 하는데 테이블 위에 곰인형을 향해 지유가 손을 뻗는다. 리본을 멘 곰인형이 갖고 싶은가 보다.

갖고 싶다고 떼를 쓰기에 하는 수 없이 식당 직원분에게 구입이 가능한지 여쭤보았다.

"아뇨. 이거 안 팔아요."

"아..."

"먼지가 많을테니 빨아서 사용하세요."

"정말요?"

감사한 마음에 눈물이 글썽글썽 맺힌다.

"감사합니다."

밥을 먹고 병원 로비에서 누워 시간을 보내다가 갑작스런 입원으로 아무것도 준비를 못한 터라 필요한 물품을 사러 편의점에 들러 필요한 물품을 구입한다. 준비없이 입원을 하게 된 것이 오히려 감사하다. 아무것도 준비된 것이 없으니 정말 필요한 것만 구입하면 되고 선택지가 많지 않으니 결정도 한결 가볍다.

내 안에 준비된 많은 계획들을 비워 본다. 한 발 한 발 하나님의 인도하심을 따라 가보리라 새롭게 다짐해 본다.

위대한 약속

어젯밤에도 수시로 잠에 깨어났다. 20분, 30분, 1시간에 한 번씩 소변을 보고 잠에서 깨어나고 다시 쪽잠을 자기를 반복한다. 피곤한지 낮에도 틈틈이 잠을 잔다. 눈에 띄게 지치고 힘들어 보인다. 행동이 느려지고 음식도 잘 못 삼키고 소변도 수시로 본다. 지유의 상태가 안 좋아지니 함께할 수 있는 일은 줄어든다. 그래도 이렇게 누워만 있을 수는 없어서 천국약속을 녹음하기로 했다. 지난번에 했던 말을 또 한다. 그때보다 더 어눌한 말투다. 이젠 알아듣기가 쉽지 않다.

"내 인생은 이제 끝났나봐..."

아홉 살 어린아이가 인생을 알기나 할까? 아이답지 않은 말에 이번에는 그저 웃음이 났다. 하나님이 함께하시니 걱정이 없다.

"지유야, 천국이 좋다고 했어? 이 세상이 좋다고 했어?"

"난 여기가 더 좋아."라고 말한다.

"아니야 지유야! 엄마도 천국에 가보지 않아서 잘 모르지만 확실한 건 천국이 더 좋아!"

"하나님이 지유 사랑해? 안 사랑해?"

여러 번의 물음에도 대답을 안하더니 결국,

"하나님은 지유를 사랑하셔!" 라고 대답도 한다.

지유를 사랑하는 하나님께서 지유에게 가장 좋은 걸 주실 거라고, 엄마도 곧 지유 따라 갈 거라고 말해준다. 그리고 아직 믿음이 없는 아빠, 오빠들, 할머니도 함께 가면 좋겠다고도 덧붙였다.

"엄마, 천국 오지마!"

"왜? 엄마랑 천국에서 만나자. 응?"

"지유 보고 싶어서 매일매일 울지도 몰라. 그래도 안 만나줄 거야? 만나서 안아주면 안돼?"

투덜대는 지유에게 조르고 애원도 해본다. 그러자 이번엔

"언제 올 거야?" 하고 묻는다.

"음, 그건 잘 모르지만 천국에서 꼭 다시 만나자. 약속!"

"약속!"

은혜는 당연하지 않아

지유는 점점 더 느린 아이가 되어 가고 있다. 지유의 소원대로 아기가 된 것 같다. 그렁그렁한 가래소리가 계속 거슬렸는데 아침으로 밥 한 숟가락을 떠먹이니 가래 때문에 기침을 한다. 죽을 가져와서 먹여도 입안에 담고는 삼킬 생각을 안 한다. 약을 먹이려고 해도 주룩 흘러내리고 입 안에 남은 건 그대로 고여 있다.

'이제 콧줄을 해야 하는 걸까?'

진작부터 콧줄을 권유하셨던 교수님께 입으로 더 먹이겠다고 당당히 말했는데 며칠 새 자신이 없어진다. 어제는 기도로 치료하겠다고 선포를 하고는 오늘은 눈에 보이는 현실에 바로 가래약을 처방해달라고 한다.

이제 앉아 있을 힘도 없는 지유.

힘없는 인형처럼 그렇게 넘어질 듯 앉아 있다. 두통을 호소하기도 한다. 혈압을 재보니 기계가 수치를 잡지 못한다. 여러 번 반복해서 측정해보지만 혈압이 높게 나오니 다녀가시는 의사선생님들마다 지유의 증상을 물어본다. 다행히 시간이 지나면서 혈압은 정상으로 돌아왔다.

오직 주님만이 치료자이심을 고백해놓고 이토록 나약한 나와 마주할 때면 믿음이 없음을 고백할 수밖에 없다. 마음이 나락까지 떨어진다.

힘이 없는 지유가

"엄마 좋아" 라고 이야기해 준다.

어쩜 기가 막힌 순간에 지유의 말은 하나님의 음성처럼 들린다. '그래, 넘어져도 다시 일어서면 돼! 믿음이 없으면 다시 믿으면 되지' 다시 힘을 내 찬양소리에 잠이 든 지유의 다리를 만져주며 기도한다.

'고쳐주세요. 지유가 낫고 싶대요. 지유가 이 땅에서 더 살고 싶대요'

그렇게 긴 오전 시간을 보내고 오후에는 조금 나아진 컨디션을 유지해 주는 지유.

추가된 스테로이드제 덕분일 수도 있지만 음식도 조금 삼킨다.

머리와 다리의 통증

눈꼽이 양쪽에 끼면서 잘 안 떠지는 불편한 눈

둔해진 혀로 어눌해진 말투

흘러 내리는 침

앉아서도 중심 못 잡음

심한 가래

가래 걸림

음식물 삼키지 못함

수시로 보는 소변

걷지 못함

당연하던 것들로 부터 점점 더 멀어지는 자유.

우리에게 주어진 당연한 것들의 은혜를 생각해 본다.

당연한 것들이 은혜였음을.

결국, 콧줄

오전 회진 때 교수님께서 지유의 콧줄을 한 번 더 권유하신다.

"엄마가 먼저 내려놓을 건 내려놔야지."

맞다. 내가 내려놓지 못한 게 맞다. 비우고 싶다고 비울 수 있는 것조차 내 맘 대로 되지를 않는다. 현실을 그대로 받아들여야 하는데 그러지 못하고 있는 연약하고 한심한 나를 마주한다.

'어떻게든 삼키면 돼' 라는 마음으로 이것저것 먹여 보긴 했지만 사실 지유는 이제 스스로 음식을 삼킬 수 없다. 겨우 밀어 넣듯 음식물을 섭취할 뿐 물도 마시지도 못하는 상태다. 내 욕심에 지유를 더 힘들게 한 건 아닐까?

"지유야, 이제 정말 콧줄 껴야 되나 봐."

기적이 있을까? 믿음은 무엇일까? 복잡한 마음이 밀려와 마음이 괴로워진다. 콧줄을 끼는 것도 안 끼는 것도 다 나 때문인 것 같다.

"엄마, 나 콧줄 낄게."

울고 있는 나에게 지유는 의젓하게도 말한다. 이 말 한마디에 복잡한 마음이 씻겨 내려간다. 오늘 저녁 식사가 입으로 먹

는 마지막 식사가 될 수 있다는 마음에 지유가 좋아하는 편의
점에서 먹고 싶은 건 모두 담는다. 억지로 하나하나 맛을 본
다.

　나는 억장이 무너지는데 이 아이의 마음은 어떨까? 겉으로
아무렇지 않다고 마음도 괜찮은 건 아닐텐데, 내 마음만 신경
쓴 것 같아 미안하다.

　헤아리지 못한 마음에 또 미안하다.
　미안해. 딸.

어쩌면 해피엔딩

오전에 콧줄을 끼기로 했는데 콧줄을 끼게 될 때 좋은 콧줄을 끼라는 정보를 받았던 게 생각이 나서 소개받은 연락처로 급히 연락을 했다. 다행히 퀵으로 보내줄 수 있다고 한다. 비용부담은 되지만 경험을 바탕으로 이야기해 준 지인에게 고마운 마음이다.

콧줄을 끼는 시간이 왔다. 위까지 콧줄을 넣는다는데 상상만 해도 아픔이 전해지는 듯하다. 차마 볼 수가 없어 눈을 꼭 감고 말았다.

'하나님, 아프지 않게 해 주세요.'

기도하며 그 시간을 버텨본다.

다행히 지유가 '아!' 소리만 낼뿐 울지 않고 잘 버텨줬다. 드라마에서나 보던 장면에 내 딸이 있다. 생각보다 더 거북한 모습이다.

지금까지의 일들이 드라마라면 얼마나 좋을까?

컷 소리가 나면 배우는 콧줄을 빼고 맛있는 음식을 먹으며 깔깔 웃을 텐데... 드라마에서는 기적도 많이 일어나던데...

지유에게 기적이란 없는 것일까?

내가 작가라면, 엔딩을 어떻게 쓰게 될까?

시한부 판정을 받은 아홉 살 아이가

기적같이 건강을 회복했다는 이야기가 해피엔딩일까?

많은 사람들의 기도와 바람에도 불구하고

결국 아이는 천국에 갔다는 이야기가 해피엔딩일까?

지유는 콧줄이 어색하지도 않은지 담담한 모습이다.

포도당물을 주입하며 콧줄로 먹는 연습을 시작한다.

1. 공기가 들어가지 않도록 하는 것.

2. 위에 남은 잔여량을 확인하는 것.

혹시, 실수로 지유를 힘들게 하면 안 되니 더 꼼꼼히 기억하려고 안간힘을 쓴다. 여전히 먹는 양이 적으니 배는 곯아있고 힘도 없다. 지친 듯 잠을 많이 잔다. 잔뜩 졸린 눈을 하고는

"엄마, 찬양 틀어줘." 한다.

"그래. 뭘 틀까?"

"은혜."

아프기 전부터 찬양하는 걸 좋아하던 아이.

타고난 음악 실력은 없었지만 찬양할 때 기쁨이 가득하던 아이.

이 아이에게 은혜란 뭘까? 지금 이 순간 어떤 은혜를 고백하고 싶을까? 반복해서 나오는 찬양을 들으며 잠든 지유의 다리를 주무른다. 외모 중 가장 바뀌지 않은 곳이 있다면 발이다. 아직 내 손바닥 안에 들어오는 작고 예쁜 발을 보니 예전 모습이 파노라마 같이 지나간다. 예쁜 천사가 잠을 자고 있는 것 같아 한참을 바라본다.

저녁이 되었다. 그린비아키즈를 50ml먹여본다. 아주 천천히 들어가는 데다 소량이다 보니 여전히 지유는 배고프다. 그런 지유가 내 끼니를 걱정한다.

"엄마, 왜 안 먹어? 살려면 먹어야지. 엄마, 빨리 먹어."

어떻게 이런 말을 할 수 있지? 하나님께서 또 이렇게 위로를 건네시는 것 같다.

내 딸 황지유.

효녀다. 효녀.

하나님이 보내신 천사가 틀림없다.

*그린비아키즈: 소아 환자용 균형 영양식

맘대로 되는 게 없다

어느덧 시한부 판정을 받고 투병 생활을 한 지 9개월 차다. 지난 9개월은 당연한 날 없이 하루하루가 새로웠다. 오늘 또 새로운, 처음인, 낯선 하루가 시작된다.

아침부터 지유가 두통을 호소한다. 아바스틴 약물을 투여를 권유받았다. 다른 진통제를 주느니 붓기를 가라앉히는데 사용되는 이 약으로 사용하자는 건, 지금 지유가 느끼는 통증을 수치로 예측해 보면 진통제도 제 역할을 못 할 수 있다는 뜻이다. 입원 후 낮잠이 많아진 지유였는데 요즘 다시 잠이 줄었다.

"집에 가고 싶어. 언제 가?"

스스로 컨디션이 좋다고 느낄 때 자주 묻곤 했던 말이다. 그런데 오늘 또 그 말을 꺼낸다. 컨디션이 좋지도 않은데 왜 집에 가고 싶다는 걸까? 콧줄로 아침 100ml, 점심 100ml, 저녁 130ml 총 330ml의 양을 먹으니 지유는 계속 배가 고프다.

맛있는 걸 먹고 싶다고 콧줄도 빼고 싶다고 한다. 콧줄을 잡아 뺄 힘조차 없으니 혹여나 빼 버리면 어떻게 하나 하는 걱정도 없다.

'얼마나 답답할까?'

내 맘대로 해 줄 수 있는 게 없다.
괴로움에도 큰 짜증을 안내는 지유에게
고맙고 미안한 오늘 하루가 이렇게 지나간다.

지독한 종양

지독한 종양이 지유를 서서히 더 힘들게 한다. 오늘도 아침부터 두통을 호소한다. 진통제를 투여해도 통증을 잡지 못해 다른 진통제를 추가 투여하고 나서야 지유의 통증이 멈췄다.

오늘은 지유의 말을 도저히 알아들을 수가 없다. 말하는 기능이 끊긴 것 같다. 지유가 소리를 내면 짐작해서 되묻기를 반복한다.

"집에 가자고?"

대답 대신 희미하게 고개를 끄덕인다.

"알겠어. 다음 주에 가자..."

사실 지금 지유의 상태로는 집에 가는 건 무리다. 그럼에도 집에 가자고 이야기해 줬다. 마음은 정말 집에 함께 가고 싶기 때문이다. 오늘은 만화를 보거나 장바구니에 사고 싶은 걸 담는 일은 하지 않는다. 그래도 기운 없는 지유와 할 수 있는 걸 찾아본다. 다행이다. 할 수 있는 게 많다.

찬양, 기도, 말씀 그리고 예배.

오늘은 말씀을 읽어 보기로 한다. 사실 그동안 성경을 꾸준히 읽어오지는 못했다. 발병 초기 욥기를 시작으로 지금 요한복음을 읽고 있으니 그래도 지유에게 성경을 읽어주는 것 자체가 은혜다.

"요한복음 14장, 내가 곧 길이요 진리요 생명이니..."

지유에게 읽어 주는데 눈물이 뚝뚝 떨어졌다. 요한복음이 이렇게 감동인지 그동안은 미처 알지 못했다. 예수님께서 알려주신 진리가 믿어지는 것이 감격스럽다. 지유는 눈을 감았다 떴다를 반복한다. 자는 것 같다가도 '집에 간다'는 이야기를 한다.

"지유야, 예수님 이야기야. 우리는 예수님 사랑하면 돼. 알겠지?"

지유를 하나님께 맡기면서도 눈물이 난다. 이 지독한 종양이 내일 지유를 어떻게 바꿔놓을지 모른다. 그렇지만 변함없는 한 가지를 깨달았다.

길이요

진리요

생명이신

하나님의 사랑.

고마운 고갯짓

밤사이 미열이 있고 맥박이 140이 넘어서 밤 12시 30분경에 심전도검사를 했다. 다행히 괜찮다고 한다. 한바탕 휘몰아친 태풍이 잠잠해지고 늦게 잠에 들어 오전 내내 지유와 잠을 잤다. 한 침대에서 꼭 안고 자는 모녀의 모습이 예뻐 보였다고 간호사님이 말씀해주신다.

고요함도 잠시, 지나갔다고 생각한 태풍이 되돌아 왔다.

다시 미열이 나기 시작했다. 수시로 체온 체크를 하다가 37.8도가 되니 급하게 해열제를 준비하고 배양 검사와 피검사, 소변검사를 진행한다. 입술이 바짝 말라보이고 귀까지 빨개지는 걸 보니 열이 오른 거 같다. 힘들다는 말조차 못하니 더 안쓰럽다. 열이 있어서 꼭 안고 있으면 열이 오를까 따로 있으려 했는데 자꾸 옆에 오라고 손짓한다. 지유 옆으로 가 누워 지유 얼굴을 본다.

"엄마. 엄마. 엄마. 엄마.."

지유가 말을 하는데 어눌해진 말투 때문에 이 말밖에는 안 들린다. 입 모양을 봐도 귀를 아무리 가까이 갖다대도 도통 무슨 말인지 알아낼 수가 없다.

"미안해. 미안해. 미안해... 엄마가 못 알아들어서 미안해. 뭐라고 하는지 모르겠어. 미안해. 지유야... 엄마라는 말밖에 모르겠어."

아프다고 해도 알아들을 수 없다고 생각하니 너무 슬프다. 지유가 하는 말에는 답을 못해주고 해주고 싶은 말을 차근차근 전해 본다.

"지유야, 엄마아빠가 지유 사랑하는 거 알지? 지유가 엄마 딸이라서 엄마 너무 행복해. 정말 많이 사랑해..."

지유가 끄덕끄덕 고갯짓을 한다.

"지유야, 천국에 가기 전에 아무것도 못하게 되더라도 잊으면 안돼. 엄마가 지유 사랑하는 거. 그리고 예수님이 지유 사랑하는 거. 알겠지?"

엄마 소리밖에 알아들을 수가 없었는데 지유가 이렇게 말한다.

"엄마...나...천국...가...?"

얼굴에 표정을 잃고 비스듬히 세운 침대에 겨우 기대어 앉은 딸의 입에서 나온 이 말에 가슴이 찢어질 듯 아프고 괴롭다.

지유를 살릴 수만 있다면 뭐든 할 수 있을 것 같은 심정이다.

내가 견딜 수 있는 이유는
단, 하나. 천국이다.
우리에게 예수님을 알게 해주신 건
이미 영원한 생명을 얻은 증거다.

"지유야, 엄마 속상해... 매일 울지도 몰라. 하지만 그곳, 영원한 생명이 있는 곳에서 만날 수 있으니까 울어도 힘낼게. 지유는 천국에서 아프지 말고 하고 싶은 거 다 하면서 지내고 있어. 알겠지?"

끄덕끄덕.

지유의 고갯짓이 감사하다.

확실한 증거

지난밤에는 침을 삼키지 못해서 계속 기침을 해서 처음으로 석션이라는 것을 했다. 입을 꽉 다물고 벌리지 않아서 입 안에 고여 있는 것만 겨우 뺐다. 산소포화도는 94, 95를 왔다 갔다 하고 수면 중에는 포화도가 많이 떨어진다. 당직 의료진이 진찰을 해주시고 93으로 내려가면 산소를 공급해야 한다고 처방해 주셨다. 다행히 호흡기는 하지 않고 아침을 맞이했다. 계속 하품을 하고 눈을 감았다 떴다를 반복한다.

"졸려?"

다시 잠이 많아진 지유가 끄덕인다. 소리도 내지 않고 고갯짓만 하는 지유를 보니 순간 가슴이 철렁 내려앉았다.

'이제 목소리도 안 나오는 건가?'

"지유야, 엄마 해 봐~"

다행히 아주 작은 목소리로 '엄마'라고 불러준다. 얼마나 고마운지.

오후에는 담당 의료진의 권유와 지유가 좀 더 편히 쉬기를 바라는 마음으로 1인실로 옮기기로 하고 짐을 옮기는데 지유가 잠만 잔다. 여전히 가래가 있어서 어제 입으로 실패한 석션을 코로 해보는데 피가 나온다. 지유가 몸서리를 친다. 이 난리에도 지유가 눈을 뜨지 않는다. 잠자는 시간이 늘어나면 이제 눈을 마주치기도 쉽지 않기에 부랴부랴 목사님께 기도를 부탁드렸다.

"천국은 새가 되는 곳이다. 천국은 쉴 곳이다."

말씀해 주실 때 지유가 '아멘' 하듯 고갯짓으로 답한다.

내가 만약 이런 질문을 받는다면?

"내일 죽으면 천국에 갈 수 있나요? 확신하나요?"

아마도 지유보다 빨리 대답하지 못했을 것 같다. 천국의 증거를 지유를 통해 확인했다.

*석션: 병원에서 수술 등의 행위를 할 때 사용되는 가래나 혈액 등을 흡입해주는 기계

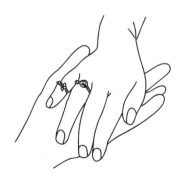

진짜 믿음은 지금부터

1인실은 찬양을 크게 틀어 놓을 수 있어서 너무 좋다. 목 놓아 울기에도 좋다. 지난밤 지유의 가래소리가 너무 커서 당장이라도 나를 떠날 거 같은 두려움에 휩싸였다. 자가 호흡이 잘 안 되니 답답하고 고통스러운 정도는 내가 알 수 없지만 지유의 고통이 느껴지는 것 같아서 가슴이 아프고 숨이 막혀 가슴을 치며 울었다. 우는데 숨이 쉬어지지 않는다. 엄마와 아이는 정서적 탯줄로 연결되어 있다는 말이 맞다. 아이의 고통은 고스란히 엄마에게 느껴진다. 가슴이 무너진다.

'왜 지유가...왜 우리가... 왜...왜...'

지금껏 드렸던 믿음의 고백이 물거품인 듯 사라져 버린다.

'지금껏 그 믿음은 가짜였나?'

이런저런 생각들이 나를 고통 속으로 삼킨다. 이럴 때일수록 기도를 해야 되는데 기도도 나오지 않는다. 나오는 건 원망과 한탄뿐.

실오라기 잡는 심정으로 쥐어짜듯 기도한다.

'하나님, 도와주세요. 제 힘으로는 안 돼요. 저는 형편없는 인간입니다.' 찬양을 틀고 다른 마음에 빠지지 않으려고 안간힘을 써본다. 잠만 자는 지유를 깨우고 지유가 고개를 끄덕이면 안심을 한다.

"지유야, 천국 가는 시간이 오면 예수님이 지유 안고 가시도록 마음으로 꼭 기도해. 알겠지? 응?"

내 믿음은 바닥이지만 지유는 믿음을 지킬 수 있도록 수시로 이야기를 전한다. 오늘은 다른 때보다 두 시간이나 먼저 수면시간에 들어간 지유.

무섭다. 두렵다.

마지막 인사는 눈을 뜰 수 있을 때 해야 한다는 말이 떠올라 지인들에게 연락을 한다. 꼭 오늘이 마지막인 것 같은 슬픔에 잠겨 잠이 오지 않은 밤이다. 아이를 먼저 천국에 보낸 엄마들과 소통하며 어땠는지 물어도 본다. 지유에게 허락된 시간은 얼마큼 될까? 앞으로 나는 어떻게 해야 할까? 계획하며 준비하는 나를 마주한다. 지유를 온전히 하나님께 맡긴다던 내 모습은 없다.

그 순간 깨닫는다.

'아. 믿음은 지금부터 지켜야하는구나'

기쁜 이별

아침부터 혈압이 140 이상 뛴다. 머리 통증도 가라앉지 않는다. 지유가 말을 못하니 상태를 잘 관찰해야 한다. 지유에게 여러 번 묻는다.

"지유야, 머리 아파?"

진통제를 여러 개 맞아도 계속 아프다고 한다. 결국 마약성 진통제로 통증은 멈춘다.

"지유야? 힘들어?"

'끄덕끄덕'

'어떻게 말해줘야 할까? 이 아이에게 고통을 감당하라고 이야기해야 하는 것인가?' 고민 끝에 예수님 이야기로 말을 꺼낸다.

"지유야, 엄마 아빠가 사랑하는 거 알지? 지유는 엄청 엄청 빛나! 지유의 삶은 계속 빛날 거야! 예수님은 죄가 없으셨어. 십자가 고통을 감당하시고 우리를 용서하시고 천국을 알게 하셨어. 지유야, 너도 잘못한 게 없어... 하지만 고통 중에 있고 이것만 지나고 나면 예수님 옆으로 갈 거야. 지유는 우리에게 사랑을 주었고, 그 사랑이 반짝반짝 빛날 거야. 지유야, 사랑해. 우리 서로 사랑한 거 잊지마. 고마워, 지유야! 엄마 딸로 이 세상에 와줘서 고마워. 다시 만나자. 다시 만나자. 다시 꼭 만나자."

힘들 텐데 지유가 끄덕이며 다 맞다고 해준다. 그런 지유의 모습에 속내가 터져 나온다.

"지유야, 엄마 아빠 그래도 슬퍼. 그런데...

지유 우는 거 싫어?"

아니라고 한다. 울어도 된다고 해준다. 엄마가 울면 아이가 더 힘들 거라고들 하지만 우리의 눈물은 다르다.

기쁜 이별을 맞이하는 사랑의 눈물이다.

응급상황을 만나면

오후 3시.

호흡소리가 거칠고 용트림하듯 몸을 뻗고 경직된다. 호흡을 체크하고 기도를 열어 관찰을 한다. 다행히 숨소리가 잦아들고 산소포화도는 안정적이다. 담당 의사선생님이 아이가 아플 때 표현을 못하니 고통에 맞서 힘을 주고 기도가 얇아지면서 이런 증상들이 나타나는 경우가 있다고 한다.

"우린 천국에서 만나면 돼."

라는 고백과 약속에도 응급상황이 오면 순간순간 두려움과 슬픔이 밀려온다.

"아무것도 두려워 말라. 주 너의 하나님이 지켜주시네."

지유에게 찬양을 들려준다. 천국이 좋다는 건 믿어도 아직 가보지 않았기에 가는 길이 얼마나 힘든지 알 수 없다.

지유를 통해 고통을 본다. 두려움으로 보지 말고 곧 만날 천국을 바라봐야 한다. 그렇지 않으면 이 고통을 바라보기에 너무 가혹하다. 아파도 아프다는 말 한마디 못하고 온몸으로 절규한다. 종양이 육체는 지배할지 모르나 영혼은 절대 망가트릴 수 없다.

지유의 두 오빠가 마지막 인사를 왔다. 깨워도 일어나지 않는 지유를 성연이가 슬픈 얼굴로 바라본다. 오른쪽 눈만 실눈으로 떴다 감았다 하는 지유에게 말해준다.

"자주 못 와서 미안해. 사랑해."

다음으로 동연이가 왔다. 담담해 보였던 동연이가 서럽게 울기 시작한다.

"지유야, 예전에 싸운 거 미안해. 사랑해."

그렇게 짧지만 온 마음으로 인사를 한 오빠들이 떠난 후 지유가 다시 고통으로 절규한다.

'이게 진짜 마지막 인사일까?'

폭풍전야

어제 낮 동안의 상황과 다르게 밤새 지유에게 아무 일도 일어나지 않았다. 맥박 수, 산소포화도, 혈압 모두 정상 범주다. 가래소리도 거의 없다. 마치 아무 일 없었다는 듯 다시 일어날 것만 같다. 덕분에 나도 편한 밤을 맞이한다.

'하나님은 왜 지유를 고쳐주시지 않을까?'

묵상해 본다.

지유가 살아나는 기적을 원하실까? 지유를 통해 사람을 살리는 일을 하는 것을 원하실까? 이 병에 걸린 아이들이 살아나는 기적을 보고 기적만 바란다면... 기적이 안 일어나면 하나님을 떠날 거 아닌가? 그럼 지유의 선한 영향력으로 하나님 믿는 사람이라 다르다 느끼는 어느 한 사람의 영혼이 돌아온다면..

아, 이것이 주님이 기뻐하시는 일이겠구나! 그럼 이 고통을 언제까지 지켜봐야 하지? 그것 또한 헤어질 마음을 채우시는 시간이고 이 시간을 더 기억하고 기억해서 잊지 말아야 할 것들이 있지 않을까?

반드시 내가 너를 축복하리라!

투병 시작할 때 나에게 주셨던 찬양을 다시 붙잡는다. 밤새 평안과는 다르게 아침에는 가래소리가 심하고 기침을 반복한다. 좀 나아지나 싶었는데 오전 10시쯤 또 힘을 쓴다. 숨을 10초간 쉬지 않고 몰아쉬는 것을 15번 반복한다. 어제 경험을 바탕으로 차분히 지켜보았다.

오후 1시.

맥박이 160을 넘으면서 기계에서 삐삐 소리가 반복한다. 상황을 지켜보기로 한다. 그런데 10분 이상 반복된다. 산소포화도도 90 아래로 내려간다. 간호사실로 달려갔다. 급히 진통제를 처방해준다.

요동치는 시간들이다. 막막한 순간들이다.

오후 4시.

열이 37.8도까지 오른다. 마침 해열진통제 맞는 시간이라 맞고 나니 다행히 열은 내렸다. 어제의 평안이 폭풍전야처럼 느껴진다.

오후 5시 반.

가래 때문에 기침을 하더니 맥박과 산소포화도가 쭉쭉 내려간다. 아이가 아픈데 표현을 못 할 거라고 꾸준히 들어

가는 진통제를 달고 난 이후이다. 양이 늘어난 진통제 때문에 호흡에 문제가 있을 수 있으니 급히 해독제를 주었다. 산소를 코로 직접 들어가게 연결하고 나서야 거친 숨이 멈춘다. 해독제를 주긴 했지만 진통제의 영향보다는 병변 때문에 폐기능이 제 기능을 못 하는 것 같다는 소견을 들었다.

이별이라고 말하기에는
그 고통이 너무 큰 순간이 점점 가까워지는 것 같다.
지금 당장 찾아온다 해도
겸허히 받아들일 수 있기를,
죽음 앞에서도
믿음으로 승리하기를 기도한다.

초청 승낙하기

연명치료는 하지 않는다고 서명했었다. 그래서 가래가 들
끓어 숨쉬기 어려워도 기도삽관은 하지 않는다. 이제부터
지유는 가래를 고스란히 견뎌야 한다. 얼마나 아플지 고스
란히 고통과 싸우는 지유를 생각하면 눈물만 나온다.

이렇게 아픈 것인지 몰랐다.
이렇게 고통이 길지 몰랐다.
그냥 천국에 가는 줄 알았다.

쓰러지신 아빠도 며칠 만에 바로 돌아가시고 엄마는 맥
박이 느려지며 아주 편안히 한숨에 천국 가셨다. 죽음 앞의
고통과 아픔을 본 적이 없어서 몰랐다. 지유를 안 아프게 그
냥 안아주실 거라 생각했다. 마지막일 것 같은 생각이 불쑥
불쑥 드는 요즘이다. 그럴 때마다 지유를 붙들고 반복적으
로 이야기를 한다.

"지유야, 하나님 도와주세요. 예수님 도와주세요. 기도해야
해."

"지유야, 엄마가 사랑해. 우리 잠시 헤어지는 거야. 알지?"

힘없이 끄덕인다.

"그런데 지유 아파하는 거 엄마 이제 못 보겠어. 하나님한테 데려가 달라고 기도 할게."

끄덕이는데 유난히 힘이 없다.

"지유가 너무 아프니까, 엄마 딸이 아픈데 아파도 아프다고 말도 못하니까... 그래서 그런 거야. 미안해"

지유가 이 고통 속에서 하나님을 원망하지 않길 함께 기도한다.

'하나님, 이 고통 이제 멈춰주세요.

영원한 안식으로 지유를 초청해 주세요.'

작고 빛나는 존재

새벽 4시쯤 기저귀를 갈아주고 다시 잠들었다가 6시 반쯤 깼다. 꿈을 꿨다. 나의 툭 튀어나온 앞니 옆에 아기 치아가 빠졌는데 빠진 이가 작고 빛나는 꿈.

믿음이 없을 때 미신 같은 걸 꽤나 신뢰하며 살았던 터라 이가 빠지면 누가 죽는다는 꿈의 해석이 미신인지 아닌지 구별이 안된다. 그런데 지금 이 시기에 치아가 빠지는 꿈을 꾸다니 신경이 쓰인다. 괜한 마음에 '뭘까?' 아무리 머리를 굴려보지만 답은 없다.

조금씩 커지는 숨소리에 시계를 확인한다.

오전 8시.

"지유야."

부르면 눈은 전혀 못 뜬 채 끄덕여준다. 두 눈은 꼭 감고 있지만 아직 듣고 있다. 손과 발을 씻겨주었다. 많이 쌓인 각질을 비벼 떼어주고 비누로 씻기고 로션까지 발라주니 지유에게 빛이 나는 것 같다.

지유야, 작고 빛나는 존재로 엄마에게 와줘서 고마워.

축제처럼

지유가 깊은 잠에 들었다.

며칠째 아무 반응 없는 지유를 바라보니 그리움이 찾아온다. 드라이 샴푸로 머리를 감겨주고 오랜만에 고무줄로 사과 머리를 만들어준다. 아기별 핀도 두 개 꽂아주었다. 세수하고 로션도 발라주고 립밤까지 발라준다.

"아, 예쁘다. 우리 지유. 정말 예쁘다."

내가 무슨 말을 해도 무슨 행동을 해도 반응이 없다. 서글픈 마음에 핸드폰에서 지유의 사진을 찾아본다.

보고 있어도

그립고

그립고

또 그립다.

마약 진통제 용량을 줄여보기로 했다. 약 때문에 자는 것인지 종양 때문인지 아이의 반응을 보기 위해서다. 숨소리는 불규칙하다.

오후 회진 때 교수님께서 직접적인 표현은 아니지만 이제 그동안 준비해 온 그 시간이 온 것 같다고 하셨다. 시간이 될 때 지유의 기증절차를 준비하면 된다고 말씀하시곤 지유의 볼을 만져주시고 내 손을 잠시 꼭 잡아주셨다.

이제 정말 때가 온 것 같다. 알고 있지만 애써 외면해 왔던 순간이다. 투병 생활 동안 물론 힘들었지만 지유 특유의 쾌활함에 웃음으로 견뎠고 생각해 보면 두통과 가래로 고통스러운 시간은 그리 길지 않았다.

하나님,
지유의 영혼이 주님 품에 안겼나요?
지유의 믿음처럼 저도 붙들어주세요.
축제처럼 보내줄 수 있는 은혜를 내려주세요.

깔깔깔

새벽 3시 반.

에어를 감지하는 기계소리에 잠이 깼다. 간호사가 다녀간 후 나는 지유의 기저귀를 갈아주고 누웠다. 찬양이 떠오른다.

'나의 사랑, 나의 어여쁜 자야 일어나 함께 가자~'

예수님 오른팔에 안겨 깔깔깔 웃는 지유의 웃음소리가 들리는 것만 같다.

새벽 5시.

가래 때문에 기침이 나니 맥박이 160을 넘어간다. 석션을 한다. 답답한 가래를 다 빼주고 싶지만 기구를 입에 넣을 수가 없어 억지로 턱을 누르고 벌어진 입으로 가래를 빼내려고 안간힘을 써보지만 안타까울 뿐이다. 한 시간쯤이 지나서야 맥박 130을 유지하며 조금 안정된다. 지유는 수시로 몸을 비틀고 기계에서는 삐삐 소리가 계속 들린다. 하지만 이 고통이 끊어지는 것이 은혜이기에 감사기도를 드린다.

'하나님, 제가 지유의 웃음소리를 들었습니다.

이 고통에서 건져주시옵소서.'

이미 예수님 손을 꼭 붙잡은 지유를 생각하며 마지막을 견디기로 다짐해 본다.

고통이 주는 평안

오전 7시

맥박 140 이상, 산소포화도 97, 열 37.8도.

수치상으로 고통이 심할 것 같은데 생각보다 안정적으로 잠을 자고 있는 지유.

피아노 반주 찬양을 들으며 아이를 바라본다. 아이의 고통을 알 수 없어 그마저도 괴롭지만 마음은 왠지 평안하다. 고통이 있다 해도 이길 힘을 주시는 예수님을 생각한다.

지유의 몸을 어루만져 본다. 친구들을 유난히 좋아했고 정이 많아 가진 것을 나누기를 좋아했던 아이.

그리고 지유가 있는 곳에는 늘 웃음이 넘쳤던 일들이 떠오른다.

나의 사랑이던 딸 지유가 십자가에 묶여 있다.
다리 배 팔 몸 곳곳에 채찍을 맞은 듯.
살이 터져 고스란히 상처로 남았다.

아프다고 짜증 한번 낼 수 없이 고통에 갇혀 수치로만 고통을 알 수 있다. 가래 때문에 폐의 기능이 상실되어가고 기도가 좁아져 숨 쉬는 게 고통이고 몸은 묶인 채 아무것도 할 수 없이 있다. 얼마나 큰 고통일지 상상할 수 없는 십자가 고난을 지나고 있다.

십자가를 묵상한다.
아버지의 마음도 조금은 알 거 같다.
우리를 위해 자식의 죽음을 바라보신 그 심정을.

예수님의 핏 값과 바꾼 그 사랑.

다 헤아릴 수 없는 사랑이지만 얼마나 큰 고통이셨을지 조금 알겠다. 우리가 알아야 할 본질은 예수님인데 우리가 이 고난을 겪으면서 깨달을 수 있었던 것 같다. 슬프지만 감사한 이유이다.

이 고난을 통해 본질을 일깨워 주시고 우리의 아픔을 아시고 우리를 빚어내실 아버지를 기대한다.

오후 4시.

맥박이 165 이상 오르면서 삐삐 소리가 한 시간째 울린다.

지유를 한참 안고 기도한다.

'하나님,

지유를 통해 예수그리스도를 알게 하시니 감사합니다.

이제 지유를 아프지 않게 해주세요.

평안한 중에 지유의 호흡을 주님이 만져주시옵소서.

예수님의 이름으로 기도드립니다.

아멘.'

이제 그만 데려가 주세요.

새벽 5시부터 가래가 심해지고 그동안과 다른 호흡 양상을 보인다. 산소포화도는 90에서 오르락내리락하고 기침도 심하고 얼굴은 빨갛게 달아올라 고통스러워 보인다.

급하게 지인들에게 기도제목을 전송한다.

'지유가 천국 문 앞에 있습니다.

고통스럽지 않기를 평안히 주님 품에 안기도록 기도해주세요.'

지금 내가 할 수 있는 일이 이것밖에 없다. 이렇게라도 할 수 있는 일이 있어서 다행이다.

'아버지...아버지...아버지...지유가 고통스러워요...아버지...지유가 아파요..'

통곡한다.

'고통스러워하는 아이를. 제가 어떻게 바라봐야 하나요? 제가 헤어질 준비가 안 되어서 지유의 고통을 더 지켜봐야 하나요? 괴로워하는 아이를 바라보기가 괴로워요.'

맥박이 빠르다고 수시로 울려대는 기계를 보며 나의 괴로움을 하나님께 쏟아낸다. 숨이 가쁜 지유를 이제 안을 수도 없다. 그저 물끄러미 바라본다.

'아버지.....

부디.

지유에게 견디는 힘을 주세요.

주님 뜻 다 알지 못하는 연약한 인간이지만

천국 가는 순간,

고통 끊어 주심에 감사기도 드리겠습니다.

지유의 삶에서 함께 하신 주님.

모든 영광 주님 홀로 받으소서.

예수님 오른편에서 깔깔 웃는 지유를 생각하며

지유가 없어 지독한 이 땅에서 견디게 도와주세요.'

그래도 기대

어제 콧줄은 빼고 소변줄은 끼웠다. 콧줄로 공급하지 않은 지 4일 정도가 지났다. 의식이 없는 지유에게 콧줄로 공급은 의미가 없다. 살짝 거추장스러워 보였는데 빼고 나니 가려진 얼굴을 볼 수 있어 오히려 좋은 마음이다. 며칠 사이에 너무 많이 부어서 다른 아이가 되어버렸다. 평소에 소변줄 끼는 건 싫다고 했던 지유인데 몸에 힘이 들어가는 걸 보니 싫다고 말 하는 것 같다.

"미안해 지유야. 편하게 소변 보라고 하는 거야."

지유를 위해 해줄 수 있는 일이 하나 더 줄었다. 수시로 기저귀를 확인하고 갈아줬는데 이제 그럴 필요도 없다. 맥박은 160대를 유지하지만 호흡은 밤보다 확실히 좋지 않다. 지난밤 에어 때문에 기계 소리로 잠을 설쳐서인지 졸음이 몰려와 보호자 침대를 다시 펴고 지유 손을 꼭 잡고 누웠다. 소변줄이 있으니 어제처럼 옆에 딱 붙어 안기가 쉽지 않다. 그래도 최대한 몸을 가까이 해본다. 미열이 느껴진다.

잠결에 천둥번개 소리가 들린다. 소나기가 내리나 보다. 잠결에 이 소나기가 내 마음 같다는 생각을 했다. 우르르 쾅 쾅 심장이 벌렁거리기도 하고 눈물을 쏟아내다가도 언제 그랬냐는 듯 웃는 나.

오후 1시 반쯤 잠에서 깼다.

고요한 병실에 지유 호흡소리만 들린다. 때마침 미현 언니한테 잘 챙겨 먹으라는 연락이 왔다. 지유가 못 먹으면서는 나도 아침은 안 먹고 점심만 먹었는데 지유 호흡소리가 커지면 먹고 싶은 생각도 안 들어 거르곤 했다. 다행히 오전보다 호흡소리가 조금 편안한 것 같아 날 챙겨주는 고마운 언니 마음에 힘을 내서 배선실에서 배를 채운다.

'오늘은 지유가 좀 편해지려나?'

배가 차니 기대도 생긴다.

"어때요?"

오후 회진을 온 담당 의사에게 여쭈니 나쁜 소리가 나다가 소리가 약해지면 그게 더 진행된 상황이라고 한다. 그런데 지유가 그런 거 같다고 한다.

'고통이 끝나려면 헤어져야 하는데, 어떻하지?'

소나기 내리듯 둘째 성연이가 갑자기 왔다. 엄마랑 지유가 보고 싶다는 말에 '금방 집에 갈거야'라고 선뜻 말하지 못한다. 그럼 지유를 보내야 하는 거니까.

성연이 기분 풀어주려고 맛있는 저녁도 먹고 구름다리를 걸어 병원에 오며 짧은 데이트를 즐겼다. 병실에 와 헐떡이며 숨을 쉬는 지유를 본 성연이의 마음이 얼마나 아플까.

나란히 앉아 예수께로 가면 찬양을 부르고 시편 23장을 읽어주었다.

지유의 말대로 이 땅에 남은 우리는 잘 살아야 한다.

지유야.

너는 우리 가슴속에 살아있어.

우리는 끝까지 다섯 식구야.

콩이까지 여섯 식구.

예수님이 불러서 천국 간 지유는

휠체어를 버리고

뛰어가서 안겼다.

걷고 싶어! 걷고 싶어! 말하던 소원이

이루어져 행복하다.

-친구 서현으로 부터 받은 그림 선물-

4부

우리에게
여름은 오지 않았다.

사랑이 여기 있으니

6월 30일 오전 11시 20분.

9개월의 투병 생활 후 우리 딸 지유는 14시간의 고통을 끝으로 천국에 갔다. 우리 지유가 남긴 것이 있다.

믿음,

남편의 믿음이다.

믿지 않는 가정의 남편이 지유의 투병으로 인해 예수님을 영접했다.

소망,

죽음 앞에 두려움 없이 당당하게 예수님을 찬양한 지유를 통해 천국의 소망을 우리에게 보여주고 예수님 옆에서 깔깔거리며 웃는 평안함을 알게 했다.

사랑,

지유는 자신과 같이 고통 속에 생명을 잃어 가는 또 다른 아이들을 위한 연구개발에 기꺼이 종양을 기증함으로써 생명의 씨

앗으로 사랑을 나누었다.

믿음, 소망, 사랑을 삶을 통해 보여준 지유는

비록, 짧은 생을 살았지만

모든 것을 실천한 예수님의 작은 제자였다.

안부 인사

사랑하는 딸 지유야

아빠야.

아빠는 엄마랑 오빠들이랑 잘 지내고 있어.

아빠는 출근할 때 퇴근할 때

운전하면서 가장 지유 생각을 많이 한단다.

5학년 여자아이를 볼 때면

더욱 생각이 나.

함께 있었다면 지유는 어떻게 자랐을까?

그리고 지금 지유는 천국에서 어떻게 지내고 있을까?

아무리 생각해 봐도 알 수가 없으니

하나님 잘 믿고 천국 가서 만날 날을 기다려.

그래도 너무 보고 싶을 때는 울기도 해.

아빠는 하나님께 조금 더 말이 많아졌어.

힘들 때면 찬양하고 하나님께 기도한단다.

아빠, 잘하고 있지?

그리워도

더 힘내고 잘 살다가 다시 만나기를 소망해.

아빠를 위해 기도해줘.

영원히 사랑한다.

-지유가 너무도 보고 싶은 아빠 황의덕-

영원한 계절, 사랑

계절을 만나듯 삶과 죽음을 자연스럽게 맞이할 수 있다면 얼마나 좋을까요?

2020년, 그해 가을은 사랑하는 딸의 시한부 선고로 삶과 죽음을 선명하게 마주해야 했던 생애 가장 낯선 가을이었습니다. 아무 일도 일어나지 않을 것 같은 뜨겁지만 평범한 여름이 저물어 갈 때까지만 해도 절망의 가을이 기다리고 있으리라고는 상상도 하지 못했습니다.

계절은 부지런히 제 역할을 하며 바뀌고 가을은 언제나 처럼 다시 찾아왔습니다.

왠지 무거운 공기를 머금은 찬 바람에 코끝이 시큰해지고 눅눅한 가을 냄새에 가슴이 아파 심장이 멈춰버릴 것 같지만 잔인한 그 계절 위에 여전히 서 있습니다.

그럼에도 가을이 반가운 이유가 있습니다. 청명한 가을 하늘의 구름 사이로 유난히 반짝이는 빛을 만날 수 있다는 것입니다. 하늘을 바라보는데 그 빛이 너무나도 빛나서 구름도 가릴 수 없이 빛날 때 마치 지유가 천국에서 안부를 묻는 것 같아 설렘에 심장이 뜁니다.

끝이라고 생각했던 죽음이 시작임을 깨닫게 되었습니다. 죽은 이에게는 천국에서의 시작, 산 자에게는 천국 소망의 시작임을요.

천국이 어디에 있냐고요?
사랑이 함께라면
그 어디나 천국이지요.

영원한 계절, 사랑을 담아
2024년, 또 한 번의 가을 보내며
지유 엄마.

못난 오빠라 미안해

나는 지유가 시한부 판정을 받았을 때 하나님이라는 분을 모르고 있었기 때문에 부모님과는 다르게 교회를 다니기는 했어도 하나님을 마음으로 외면했다.

나는 이해가 되지 않았다. 왜? 우리 여동생이 갑자기 죽어야 되는지.

'아... 아직 해준 것도 없는 못난 오빠인데 왜?' 라는 생각을 했다. 평소에 잘 신경 쓰지 않았던 동생에게 미안해지며 이런 상황을 만나니 눈물만 쏟아져 나왔다. 스테로이드 부작용으로 살이 엄청 찐 지유를 보며 나는 마음이 아팠다.

몸이 아픈데도 항상 웃으며 나를 반겨주는 모습에 미안하다는 생각만 들었고 부작용으로 인해 밤에 난리를 치는 지유를 보며 안타깝고 다시 원래 모습으로 돌아왔으면 좋겠다는 생각밖에는 안 했던 거 같다.

그리고 울면서 베란다에 있던 아빠와 밤새 지유와 사투를 벌이는 엄마를 보며 나도 마음이 찢어졌지만 현실을 외면하고 마음을 달래기 위해 하루 종일 방에만 박혀있었다. 지유와 함께 있었더라면 더 많은 추억을 만들 수 있었을 텐데.. 아직도 미안하기만 하다. 결국 천국에 가고 그 동생이 없으니 너무도 허전하다.

엄마가 하나님을 원망하던 날을 기억한다. 교회에서 열심히 기도하고 웃었던 부모의 믿음이 무너지는 것을 내 눈앞에서 봐버린 것이다. 그 모습을 보며 나는 왜 그러냐며 소리를 질렀다. 남동생의 호소로 엄마는 진정이 되어 우리에게 사과했고 하나님께도 용서를 구했다. 지금 생각해 보면 남동생이 한 말이 하나님께서 우리 엄마를 다시 붙잡아주신 말 인거 같아 정말 감사하다.

여전히 하나님을 잘 모르지만 예전처럼 하나님을 외면하는 사람이 아닌 교회의 한 공동체로 만드신 하나님께 감사하다. 힘들 때 도와주신 부모님 목사님 전도사님 권사님 집사님 모두 감사하다는 말을 전하고 싶습니다.

지유야! 천국에서 오빠가 더 잘해줄게!

-첫째 오빠 황동연-

생생한 슬픈 기억

동생이 병을 진단받고 돌아왔을 때 이해가 되지 않았고 동생과 엄마는 병원에 가야 하니 그 빈자리는 너무도 허전했다. 방사선 치료 후 병원에서 돌아오는 날 우리는 동생을 환영해주었고 집에 있을 때는 아이처럼 같이 잘 놀아주었다.

그날, 동생이 천국에 간 날을 생생하게 기억난다. 밤에 자고 있을 때 도어락 소리가 들렸다. 부모님이 돌아와 동생이 천국에 갔다고 눈물을 흘리며 들어오셨다.

그때 너무 당황해 옆에 자고 있던 형을 깨우고 같이 일어나 펑펑 울었다. 너무 슬프고 슬픈 기억이 지금도 문득 생각난다. 하지만 고난이 있었어도 웃으면서 지내는 우리 가족을 볼 때 지금 여기까지 올 수 있게 하신 하나님께 감사하고 앞으로도 그동안 겪었던 은혜에 감사하며 살아갈 수 있으면 좋겠다.

동생이 시한부 판정을 받았지만 소중한 시간을 보낼 수 있는 은혜에 감사합니다.

지유야!

보고 싶을 때는 눈물 나지만 만날 날을 기다릴게!

-둘째 오빠 황성연-

지유를 통해 알게 된 천국

주안에서 기쁨으로 살아가던 어느 날, 가족 같은 친구의 딸인 사랑스런 지유가 희귀병이라는 청천벽력같은 소리를 듣게 되었습니다. 갑자기 찾아온 큰 질병을 받아들일 수 없어 몇 번이나 확인하고 또 확인했습니다. 하나님을 너무나 사랑한 아이인데, 찬양을 부르며 새벽예배를 다니던 우리 지유에게 왜 이런 일이 생겼는지 이해할 수 없었습니다.

'왜요?'하고 하나님께 계속 물었습니다. 믿음이 약한 저는 그저 지유가 살기만을 바라며 기도했습니다. 믿기지 않는 사건 속에 아이는 치료를 받고 점점 병원에 있어야 하는 시간이 많아졌고 외모와 성격마저 달라지기 시작했습니다. 그런데 저와는 다르게 모든 상황을 인정하고 하루하루 죽음을 준비하는 지유 엄마가 야속하기까지 했습니다. 가장 힘든 시간을 보냈을 텐데, 오히려 저를 위로하던 지유 엄마, 지금 생각하면 너무나 미안합니다.

주님의 뜻 가운데 주님을 신뢰하며 하루하루 죽음을 준비하던 지유 가정을 보며 하나님을 볼 수 있었습니다. 이 사건을 통해 주님의 뜻과 계획하심에 바로 순종과 신뢰함으로 걸어갔던 것 같습니다. 지유도 시간이 갈수록 더욱 담대했습니다. 잘 살다가 천국에서 만나면 된다고 했습니다. 변해 가는 모습을 보는 어른들의 눈물과 슬픔 속에서도 지유는 흔들리지 않았습니다. 오히려 우릴 위로하듯 장난치고 웃겨 주었습니다. 정말 신기한 아이입니다^^

이제는 눈물 대신 지유에게 주신 천국 소망을 바라보게 되었습니다. 예수님을 믿으면 천국 간다는 사실을 막연하게 생각하던 저는 지유와 지유 가정을 통해 천국에 대한 소망의 확신이 생겼고 감사함으로 하루하루를 살아갈 이유도 생겼습니다. 성령님이 함께 하신 지유를 보며 지유에게 주신 믿음이 나에게도 자라길 소망합니다.

지유야, 잘 지내고 있지?

많이 그립고, 보고 싶다.

이모도 지유처럼 이 땅에서 하나님 잘 믿고 하나님 뜻 가운데 살아가다 지유 곁으로 갈게. 우리 그때는 함께 많은 시간 보내자!

사랑해.

-엄마 친구 지애 이모(양주산성교회 집사)-

천사의 손길

예수님을 믿고 엄마를 따라 새벽예배에 나와 예배가 끝날 때는 잠이 들어 엄마 등에 업혀가던 지유는 찬양을 좋아하고 예수님을 좋아했던 수줍음 많은 아이였습니다.

살며시 나타나 나의 손을 잡아주던 천사의 손길이 기억납니다.

지유는 위로였습니다.

기쁨이었습니다.

불현듯 우리 곁을 떠났지만, 하나님께서 천국으로 인도하셨음을 보여주시고 그 과정을 함께 걸어가게 하심을 하나님께 감사드립니다.

지유의 투병 이야기를 통해 천국을 알리고 아픔이 있는 가정에 더 큰 위로로 전달되어지기를 소망합니다.

-민들레교회 김중규 목사-

처음 만난 기억

지유를 처음 만난 것은 1월 16일 암센터 병실이었어요. 우리 딸 다빛이는 구강하악에 소아희귀암 진단을 받고 첫 항암 중이었습니다. 항암을 하면서도 여러 가지 검사를 하느라 경황이 없는 중에 바로 옆 침대 자리로 휠체어를 탄 지유가 입원했었어요. 부어있는 몸, 자유롭게 움직이기 힘든 모습을 보며 마음이 아팠었지요. 커튼 너머로 들리는 찬양 소리에 안도하고 반갑고 기뻤던 기억이 납니다. 지유와의 감사한 인연은 죽 한 그릇으로 시작되었어요.

지유의 검사가 다음 날 오전으로 연기되면서 하룻밤 금식을 한 지유에게 또 하룻밤을 더 금식해야 되는 상황인 것을 커튼 넘어 들리는 간호사 선생님의 이야기 소리로 알게 되었어요. 금식이 어린아이들에게 얼마나 힘든데 어찌나 안쓰럽던지요. 마침 지인이 보내주신 죽이 있어 지유 먹으라고 건네며 서로 인사하게 되었지요. 지유를 살뜰히 간호하던 지유 엄마는 병실에서 가장 목소리 크고 가장 환한 미소를 짓는 보호자였습니다. 누구보다 힘든 상황임에도 다른 보호자들을 위로하고 기도하고 응원해 주는 지유 엄마였어요.

호기심 많고 사람 좋아하던 지유를 휠체어에 태우고 온 병원을 다니며 인사하던 모습부터 천국 가기 전 마지막 모습까지 기억이 납니다. 천국을 바라는 지유의 방에서는 늘 찬양이 흘러나왔습니다. 가쁜 호흡에도 지유의 얼굴은 아기천사 같이 맑고 평온했어요. 예수님께서 지유를 꼭 안고 계신다는 생각이 들어 뭉클하고 감사했습니다.

지유의 이야기는 아기천사 지유와 지유 엄마, 지유 아빠, 지유 오빠들이 9개월 동안 써 내려간 지유의 천국 입성 이야기입니다. 지유의 이야기를 읽는 모든 분들에게 살아계신 하나님을 만나는 믿음의 시간이 되기를 기도합니다.

이 글을 읽는 환우 여러분과 보호자들에게 위로와 지혜를 주시기를 기도합니다.

-우리들교회 집사 김정은 다빛이 엄마-

반짝반짝 빛나는 아이

지유를 만났을 땐 지유도 아팠고 저도 아파서 함께 오래 있지 못했어요. 그럼에도 지유가 반짝반짝 빛나는 아이였다는 건 기억해요. 같이 놀 때 지유는 잘 웃고 말도 잘했어요. 우린 똑같은 조개인형도 있었어요. 투병으로 지쳐있던 제게 밝은 지유는 힘이 되어주었어요.

지유가 보고 싶어요.

천국에서 만나자. 지유야 사랑해.

-김다빛-

그곳은 주님 만나는 곳

나의 소중한 딸을 보내며 죽음을 넘어가는 시간이 얼마나 고통스러운지 알게 되었습니다. 하지만 그곳은 주님과 만나는 곳이라는 믿음으로 그 고통의 시간을 보낼 수 있었고 그것이 지금 남은 우리들에게 위로가 됩니다.

주님과 만나는 그곳, 그 천국이라면 무서울 것 없는, 죽음을 넘어가는 시간.

투병의 시간 동안 예수님과 함께 걸어간 지유의 살아있는 예수님의 모습을 보여준 시간으로 기록된 일기라 천국의 길을 볼 수 있는 길잡이가 되면 좋겠습니다.

감사와 순종을 보여준 지유를 통해 뇌간교종으로 힘들어하는 친구들에게 많은 위로가 되길 기도합니다.

지유야! 우리 찬양이 잘 부탁해!

-곱디고운 6세의 나이로 세상에서 누구보다
평안한 모습으로 주님 품에 안긴 찬양이 엄마-

먼저 걸어간 길

보배를 천국으로 보낸 후 같은 질병으로 투병하고 있는 가족들은 어떤 시간을 보내고 있을까? 자식의 처음과 끝을 본 나는 천국이 있음을 확신했다.

보배는 서울대 어린이병원에서 뇌간교종으로 3개월 시한부 판정을 받았다. 방사선 치료를 받으면 6개월을 살 수 있다는 시한부 이야기를 듣고 나는 정말 인생이 한 치 앞을 모르는 존재임을 그리고 내 영혼의 주인은 하나님임을 알았다.

뉴스에서 지유의 투병 소식을 듣고 바로 지유엄마에게 전화했다. 스테로이드 부작용으로 부어있는 지유를 보았다. 처음 본 지유 가족은 슬픔보다 모든 시간을 사랑으로 주의 선하심을 믿으며 천국에 소망을 두자고 외치는 천국 전도사였다.

예수님 안에 거하는 우리 아이들은 사망의 음침한 골짜기를 통과한 후 영원한 안식 예수님의 품으로가 분명히 상상할 수 없는 아름다운 예배 안에 거하고 있을 거라고 지유 엄마는 복음을 확신하고 천국을 전하고 있다. 우리의 참 부모이신 하나님이 우리 아이들에게 생명을 주셨고 또 일반적이지 않지만 먼저 부르셨다. 하지만 지유 엄마랑 만나면 슬픔보다 우린 천국 가까이에서 대화한다. 곧 아이들을 만나고 주님을 만날 것이기 때문이다.

내 평생에 주의 선하심과 인자하심이 반드시 나를 따르리니 내가 여호와의 집에 영원히 거하리로다. (시23:6)

지유 엄마는 그 나라를 향하여 걸어간다. 아니 뛰어간다. 곧 만날 거니까. 죽음을 두려워하지 않는 사람 그건 하나님의 사람이다. 그 아이가 지유였다. 그리고 지유엄마다.

'언니, 우린 사는 이유가 분명하잖아요.'

마음속에 살아있는 지유를 향한 사랑이 책을 통하여 믿음 소망 사랑을 만날 것이다. 이 이야기를 읽으며 뇌종양으로 소아암으로 쉽지 않은 시간을 보내는 분들에게 소망의 빛이 가득하길 기도합니다.

-선한 미소로 세상에서 천국이 있음을 보여 주며 10세의 나이에 주님 품에 안긴 보배 엄마 (부산호산나교회 사모)-

천국에서 다시 만날 소망

어린 자식을 가슴에 묻고 부모는 어떻게 살아갈까? 죽음은 끝이 아닌 또 다른 시작이라 말한다. 지유에게는 천국에서의 시작, 남은 가족에게는 천국에서 다시 만날 소망으로 살아가는 소망의 시작이라고 필자는 이야기한다.

우리는 지유 엄마인 송지민 집사님의 간증을 통해 260일간의 천국 소풍 준비 과정을 엿볼 수 있다. 260일 동안 너무나 슬프고 아프지만 그 속에는 감사와 찬양과 기도가 함께한 소풍 준비였다. 시한부 선고를 받은 내 아이가 아파하며 고통으로 울부짖을 때 그 모습을 바라보는 엄마는 얼마나 무너질까? 그렇지만 꺼져가는 지유를 붙들고 미미하지만 작은 기능이라도 살아 있다는 것에 감사로 기도하는 지유 엄마의 모습이 참으로 은혜롭다. 반성하게 한다.

그래! 우리에겐 기도와 감사와 소망이 있었던 것이다. 3년여의 시간 동안 이 가정에게 어떤 믿음이 자라났었기에 이렇게도 단단할 수 있었단 말인가?

이 책을 읽은 자들은 알 수 있다. 하나님의 예.비.하.심! 믿음은 연수로만 채워 나가는 것이 아닌 것이다. 이렇게 말도 안 되는 상황 속에서도 하나님의 영광을 찬양하는 지유와 지유의 가정은 실로 많은 묵상을 하게 한다. 누구나 어떤 형태로든 고난을 겪기 마련이다. 어쩌면 우리도 하루하루 투병일지를 써가고 있을지도 모르겠다. 각자의 고난 앞에서 어떤 자세로 당당히 맞설지는 지유 엄마의 믿음과 지유의 담대함을 떠올리며 투정보다는 감사. 낙심보다는 기도. 짜증보다는 찬양으로 살아가야겠다.

지유 가족이 입술로 고백했던 감사들이 향기가 되었다. 아직 하나님을 만나지 못한 이들에게 이 향기가 널리 퍼져나갔으면 좋겠다. 그래서 많은 영혼의 치유에 도움이 되길 진심을 담아 기도한다.

예수님의 작은 제자 지유야... 너의 이야기가 누군가에게는 힘과 용기의 씨앗이 될거야.

그리고 그 씨앗에서 꼭 열매가 맺어질거야.

씩씩했던 지유. 참 고맙다.

-김해중앙교회 전경진 집사
(영유아 책 놀이 강사 치매예방강사)-

천국이라는 곳의 기쁨

지유는 도대체 어떤 가정에서 어떤 사랑을 받고 어떤 가르침을 받았길래 저 조그만 아이가 죽음을 두려워하지 않고 천국이라는 곳에 기쁨을 가지고 있었을까요? 분명히 두려웠을 텐데 두려움보다 더 큰 믿음으로 밝게 웃고 있는 사진 속의 지유에게 너무 많은 깨달음을 얻고 있습니다.

감사합니다.

지유를 보내고 나서 하나님을 떠나는 것이 아니라 오히려 더 큰 은혜로 천국 가는 날까지 믿음으로 살아가려고 하시는 지유 가족들의 그 마음이 저를 너무 부끄럽게 만드네요. 어리지만 내면이 참 성숙했던 지유와 지유를 그렇게 강한 하나님의 자녀로 키워내신 지유 부모님께 정말 존경을 표합니다. 모태신앙도 아니고 믿음 생활한 지 오래된 것도 아닌 것 같은데, 하나님을 진심으로 믿고 사랑하는 지유 가족에게 정말 좋은 일들이 가득했으면 좋겠어요. 항상 마음은 있지만 주일을 지키지 않고 세상 기준에 맞추어 살다 보니 항상 죄스러운 마음을 가지고 살다가 정말 우연히 지유 영상을 보고 정말 많이 울고 반성하고 기도했네요.

하나님께서 지유라는 천사를 잠깐 보내주셨지만, 지유 어머님께서 슬픔에 좌절하지 않고 이렇게 지유의 흔적을 남겨주셔서 저같이 방황하는 많은 사람들을 다시 천국 가는 길로 인도해주시는군요.

어머님께서 하나님과 지유를 향한 사랑의 힘이 정말 큰 것 같아요! 딸이 시한부 선고를 받고 힘드셨을 텐데 항상 행복 가득한 목소리로 하나님 말씀을 들려주셨을 어머님과 웃고 있지만 속으로는 울고 있을 엄마 마음을 알고 내 품에서 울어도 된다는 성숙한 지유.

어리지만 천국 갈 날이 머지않았다는 것이 본능적으로 느껴졌을 텐데 믿지 않는 할머니께 예수님 믿고 천국에서 다시 만나자고 하는 그 강하고 예쁜 마음...

정말 존경합니다.

믿음 안에서 행복하시고 꼭 건강하세요!

감사합니다. 정말.

-인스타에서 만난 지혜님-

이정표가 되어 줄 귀한 책

어느 누가 내 생명보다 귀한 자녀가 받는 고통의 과정과 죽음을 다 공감할 수 있을까? 그 누가 위로해 줄 수 있을까? 목사이지만 무슨 말을 해 줄 수 있을까? 하는 마음으로 처음 만난 그날 송지민 집사님이 하신 말씀이 잊혀지지 않는다.

"목사님, 우리는 예배 없이는 살 수 없어요."

그때는 그 고백의 깊은 의미를 다 알지 못했지만 함께 1년을 지내오면서 이 가정이 지나온 깊은 어두움 속에서 지금까지 걸어올 수 있었던 동력은 오직 은혜의 주님밖에 없다는 신앙 고백임을 알게 되었다.

코로나를 지나오며 은혜를 값 없이 여기며 살아가고 있는 그리스도인들의 은혜 의식이 깨어 나게 하는 도구로 이 책을 주님이 쓰게 하신 것이라 믿는다.

이 책을 통해 독자들에게 소개하고 싶은 가장 중요한 포인트는 '하나님의 자녀들에게 고통이 있는 이유가 무엇일까?' 이 질문 앞에 설 수밖에 없는 우리들에게 주는 해답이 담겨 있기 때문이다.

믿음의 사람들은 우리 인생의 모든 이유를 하나님으로부터 찾는다. 그런데 믿음 안에 있음에도 일어나는 이해할 수 없는 고통은 우리로 하여금 두 가지 중 하나로 귀결되게 만든다. 하나님을 입술로 원망하거나, 진정으로 하나님의 깊으신 뜻을 공감하게 되거나.

가장 감명 깊었던 부분은 점점 깊어지는 고통 속에서 십자가에 묶여 있는 지유를 바라보게 되었고 온 몸을 채찍에 맞은 듯 상하고 기도가 가래로 막히고 좁아져 숨 쉬는 것조차 힘든 죽음을 오가는 고통 속에 있는 아이를 바라보고 있는 부모의 마음이 얼마나 아팠는가가 아니라, 딸의 고통 받는 모습 속에서 성령님은 예수님의 십자가를 오버랩 하셨고 예수님의 십자가로 마음을 옮겨 묵상하게 하실 때 하늘 문을 여시고 하나님 아버지의 마음을 조금 더 알게 하셨다는 고백이었다.

십자가를 볼 수 있게 하고 하나님의 깊은 마음으로 귀결되게 하신 은혜는 최고의 은혜이다.

송지민 집사님과 함께 하는 공동체의 담임목사로서 나는 증거하고 싶다. 예수님과 함께 자기 십자가를 지고 믿음으로 십자가를 통과한 송지민 집사님과 가족들의 삶은 부활이며 생명이며 이전 것은 지나갔으니 1년을 함께 했지만 마치 10년을 함께 한 것과 같이 예수님의 향기를 공동체 안에서 가득 채우며 살아가는 그 모습은 절망의 그림자를 다시 볼 수 없을 회복을 이루셨다.

고통 속에서 방황하는 영혼들의 길에 이정표가 되어 줄 귀한 책을 추천하고 싶다.

-양주산성교회 송호산 담임목사-

엄마! 나는왜 못나아?

펴낸날 초판 1쇄 2024년 11월 29일

글쓴이 송지민
감수/ 수정 전영희
편 집 신지안
디자인 신지안

인 쇄 비즈팩토리

펴낸곳 인혜븐   **출판등록** 제 559-2024-000023호 10월 28일
주 소 경기도 양주시 고양길 354 509동 1703호
전 화 010-5543-3742

ISBN   979-11-990396-0-5

책 출간을 원하시는 분은 인혜븐 xillion77@naver.com으로 간단한 개요와 취지, 연락처 등
을 보내주세요. 인혜븐은 세상을 이롭게 하는 가치있는 책을 만듭니다.